JN174102

普通のサラリーマンが

スキマ時間を利用して 株で1日1万円儲けた

スマホ投資術

JACK

ダイヤモンド社

投資の勝ち組に！

板情報でデイトレもバッチリ！

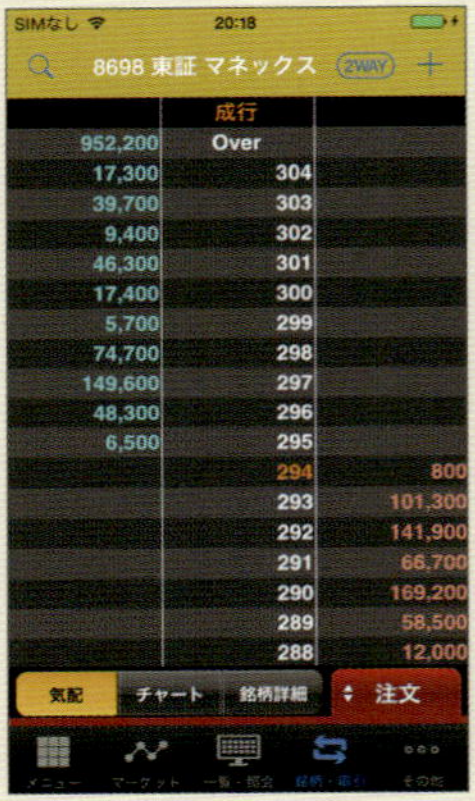

リアルタイムの板情報だって入手可能！

高機能チャートだって平気！

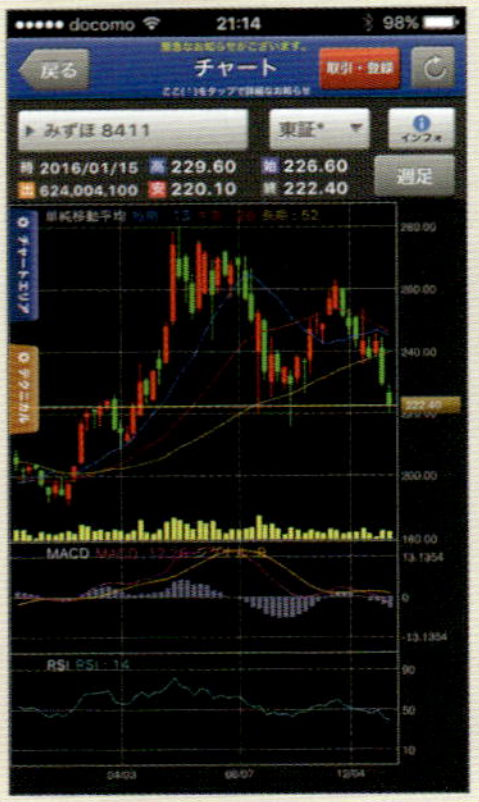

チャートのカスタマイズも自由自在！

チャートも見やすくなった！

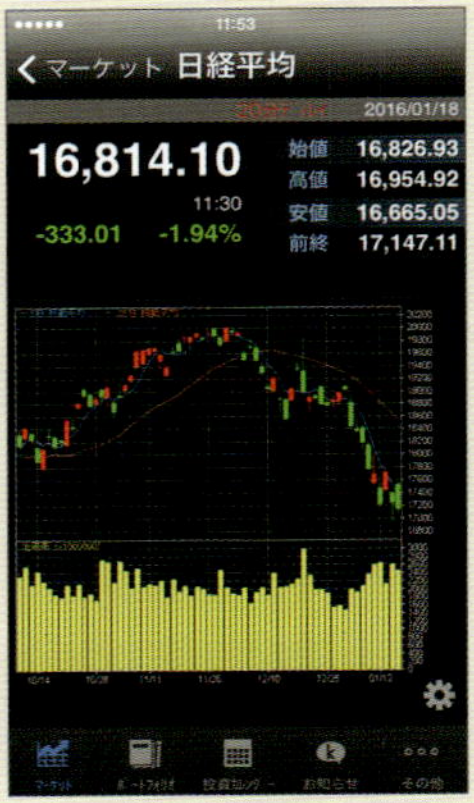

ガラケーとは違う詳細で鮮明なチャート！

指紋認証でセキュリティもしっかり！

無防備なパソコンよりも安全性が高い！

最新ニュースも続々入る！

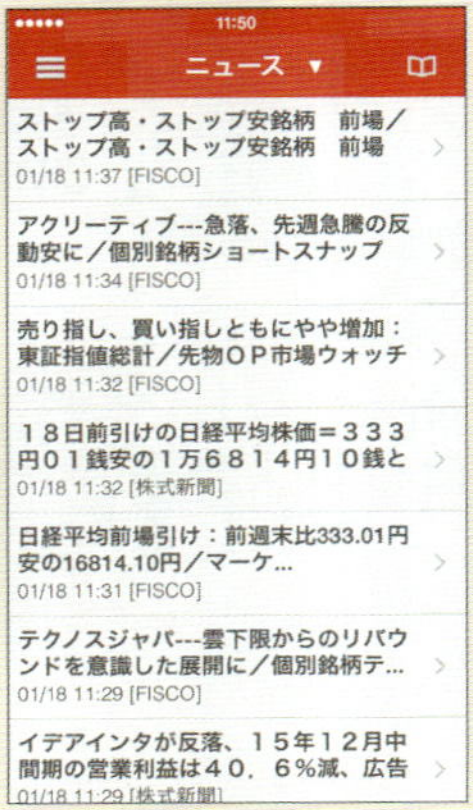

いつ、どこでも最新ニュースが読め新聞不要！

気になる銘柄を登録して一覧！

銘柄登録しておけば情報も一覧！

スマホ×株で

満員電車の中でも 企業分析ができる！

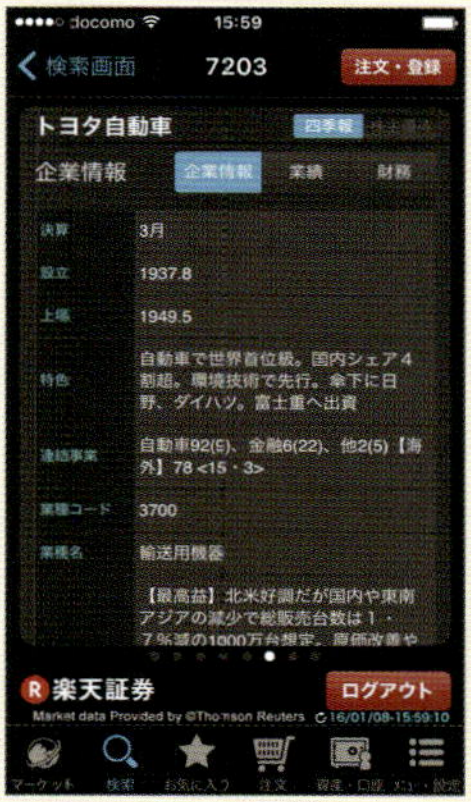

パソコンがなくても詳細な企業情報が読める！

重たい四季報も スマホの中に！

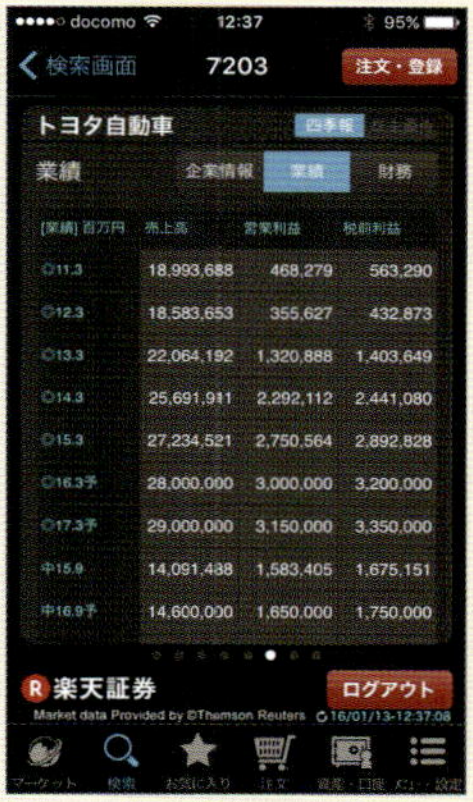

持ち運びに不便な四季報はもういらない！

いつ、どこからでも 注文OK！

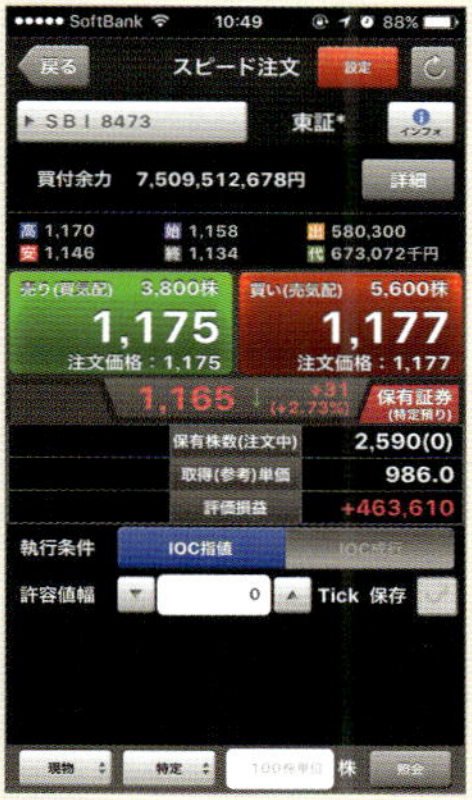

いつ、どこにいても株の売買ができる！

株式投資にパソコンは不要、いつでも、どこでも儲けよう！

自宅でパソコンにかじりついてトレードしていた人、携帯電話（ガラケー）の小さな画面とダイヤルボタンを操作して必死にトレードしている人はいまだに多い。しかし、いま証券会社のスマホ対応は急速に進んで、スマホさえあればパソコンが不要と思えるほど、何でもできるようになった。しかも、「いつ、どこでも」。ここでは紹介するのはスマホでできることの一部。平日に働くサラリーマンも株で儲けるチャンスは格段に広がっている。通勤時間や休憩時間を使って、さあ儲けよう！

チャートも格段に見やすくなった！

携帯電話と比べて飛躍的に機能が向上！

携帯電話からスマホへの転換で飛躍的に機能と使い勝手が向上したのがチャートだ。大画面と鮮明なカラー画像で格段に見やすくなっている。しかも、スマホを横に傾ければ長期間のチャートも楽々見ることできる！

大画面とカラー化で見やすくなった！

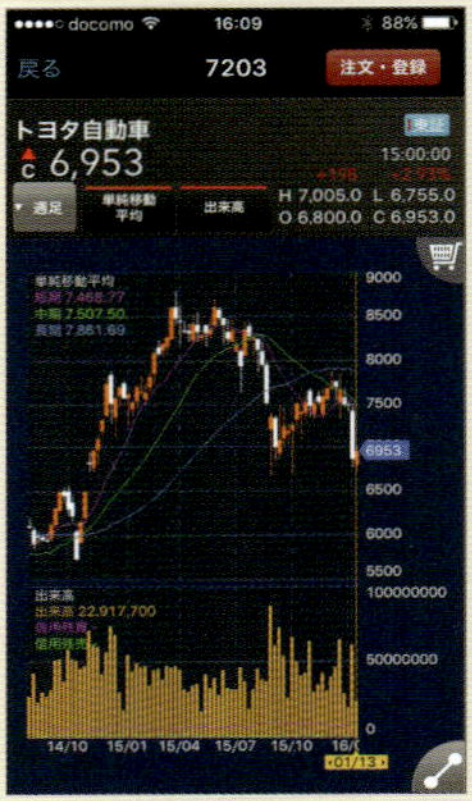

携帯電話ではありえなかった高精彩画面。

スマホを横にすればさらに見やすく！

長期間の株価の推移も一見してわかる！

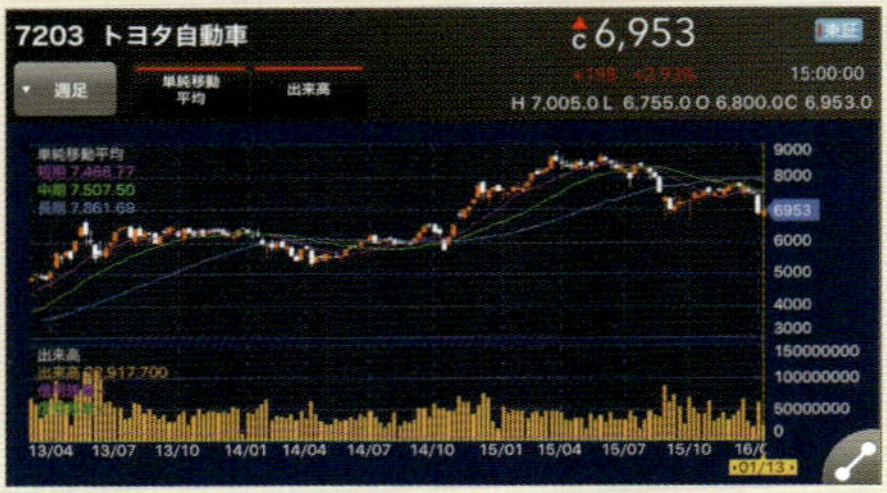

スマホを横に傾けるだけで内蔵されたセンサーが感知して横長で表示してくれる。

パソコン同様にチャートは自分好みにカスタマイズ可能

自分好みの高機能チャートも表示できる！

高機能チャートもスマホなら表示可能。自分好みでカスタマイズでき、複雑なチャート分析が、いつ、どこでも可能に。チャート分析の初心者からベテランまで納得できる充実機能だ（チャートの見方はPART2参照）。

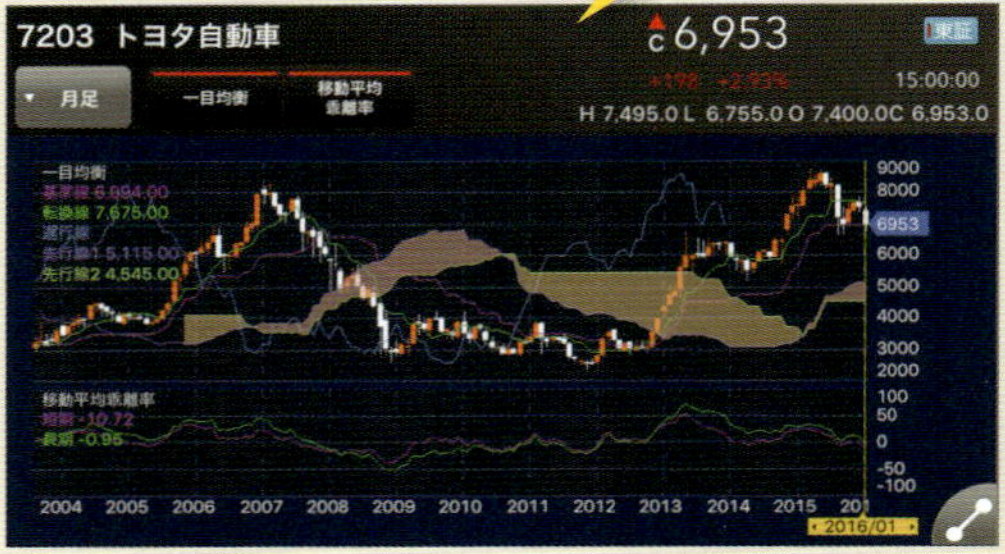

パソコンより操作もカンタン！

拡大したい場所は
指でつまみ広げる！

見たい場所が
拡大表示される！

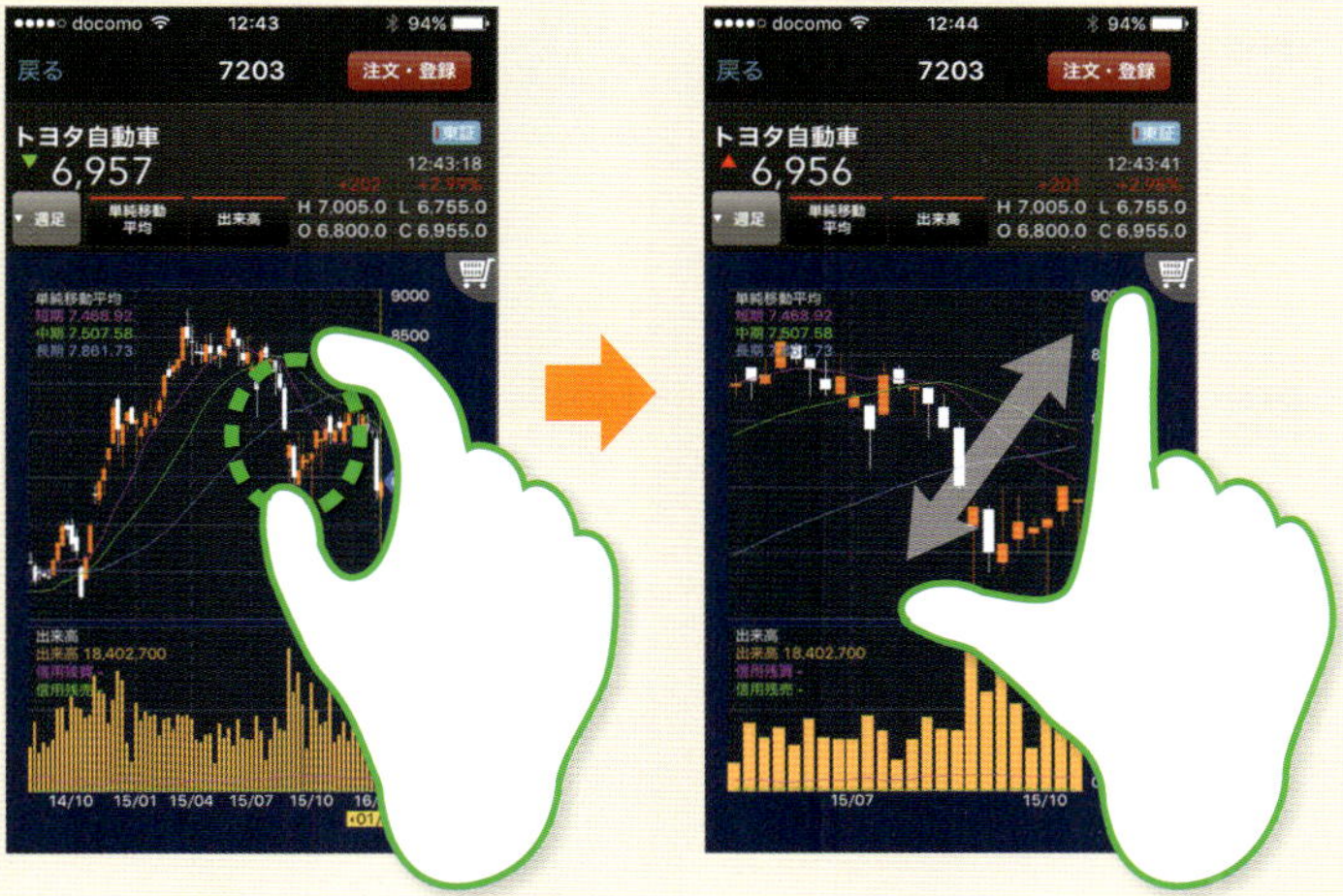

拡大して横表示にすれば一段と見やすく！

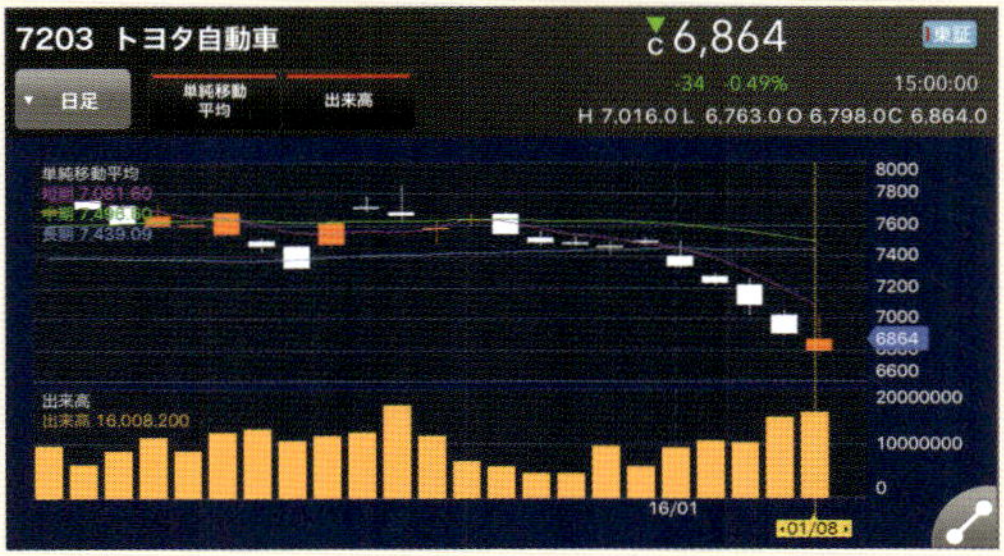

スマホの基本操作を覚えれば より見やすく、便利に使える！

スマホの魅力の一つが「直観的な操作性のよさ」。画面上で指でなぞって操作するのが基本だが、その中の「ピンチイン・ピンチアウト」という、拡大したい場所を2本指で指定して広げる機能を使えばチャートも自由自在に拡大して見ることができる（チャートの見方はPART2参照）。

発注操作も一瞬でできる！

チャートを見ながら だって注文もできる！

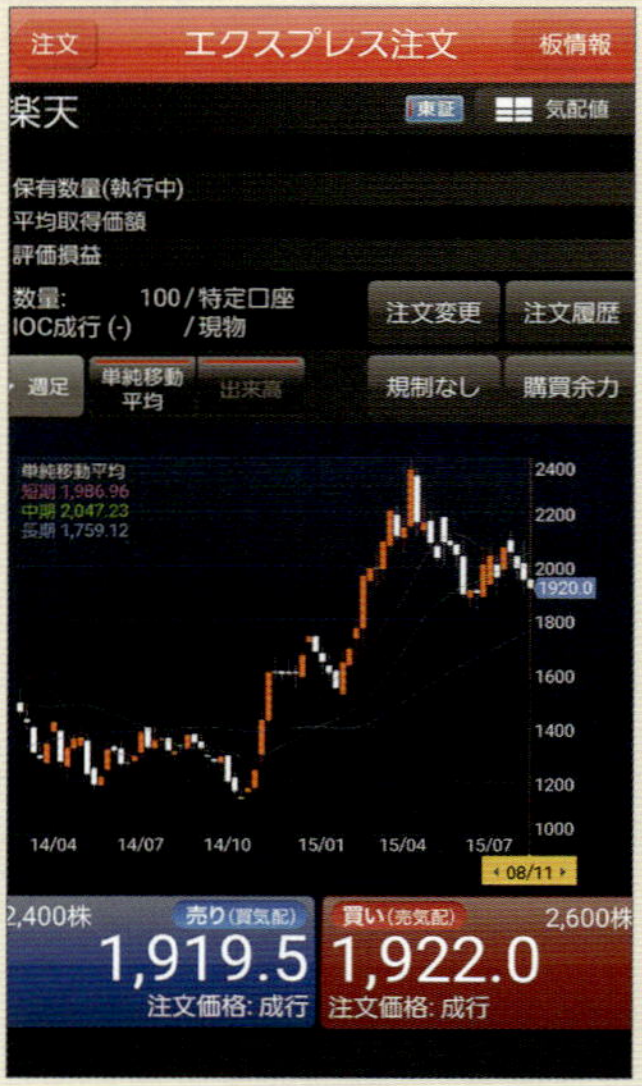

いちいち注文画面に移動しなくても注文できる。

片手でラクラク注文！ 操作性とスピードを重視

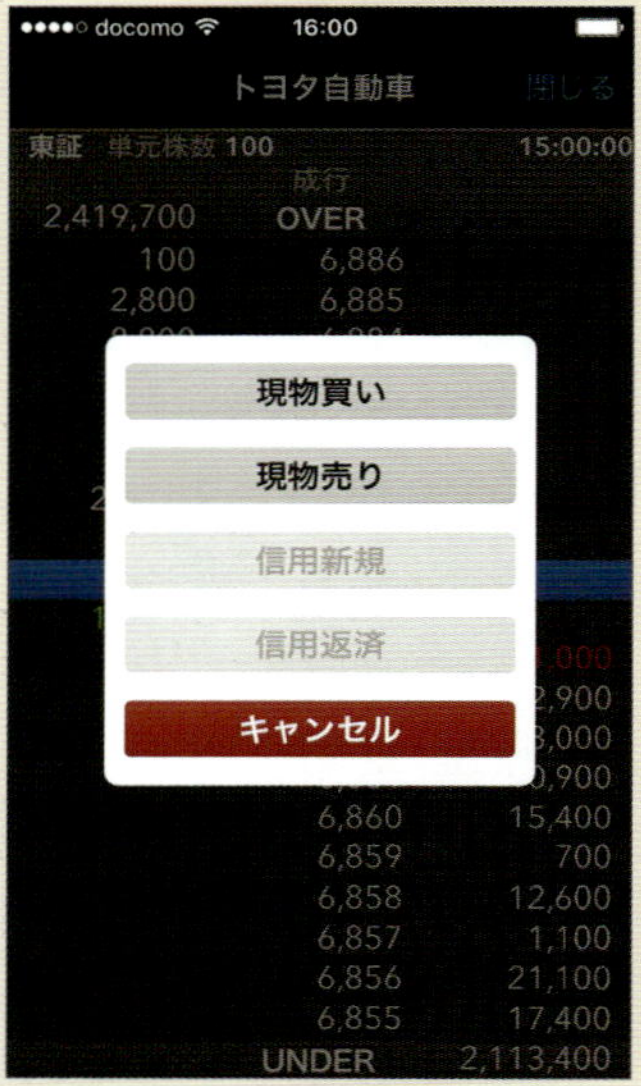

情報を見ながら気になったら、そのまま注文できる。

向上が著しい操作性と効率的な動線 注文までのスピードにも不満なし！

パソコンと比べてもチャートの見やすさは劣ることがない。それどころか、株式トレードにおけるスマホの操作性のよさにはまり、パソコンがあってもスマホでトレードする人が続出している。パソコンのようにいちいちカーソルを動かすよりも、指で指定して直観的に操作ができる上に、証券会社がスマホトレーダーのために、使いやすい画面を次々と開発しているからだ。上の画面にあるように、注文もチャートや板情報に触れるだけで、注文画面につながる。操作性のよさ、注文を入れるまでのスピードはパソコン以上だ（サラリーマン向け注文方法はPART2参照）。

銘柄研究も資料は不要！

決算情報も早わかり！

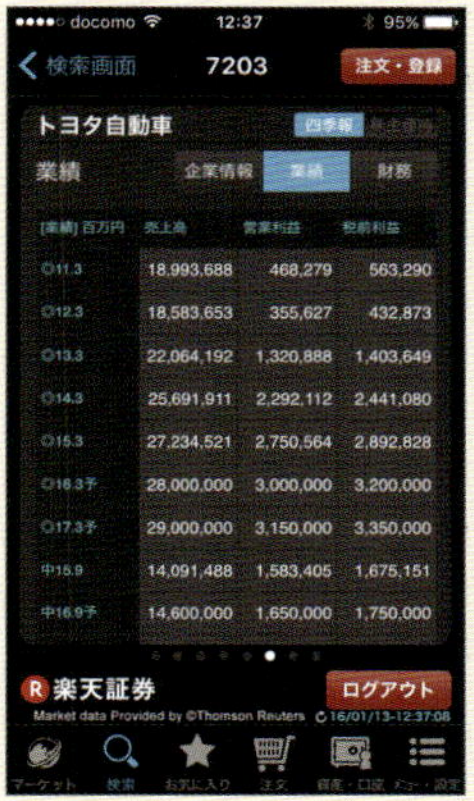

最新から過去の決算情報まで入手可能。

財務情報だって詳細にわかる！

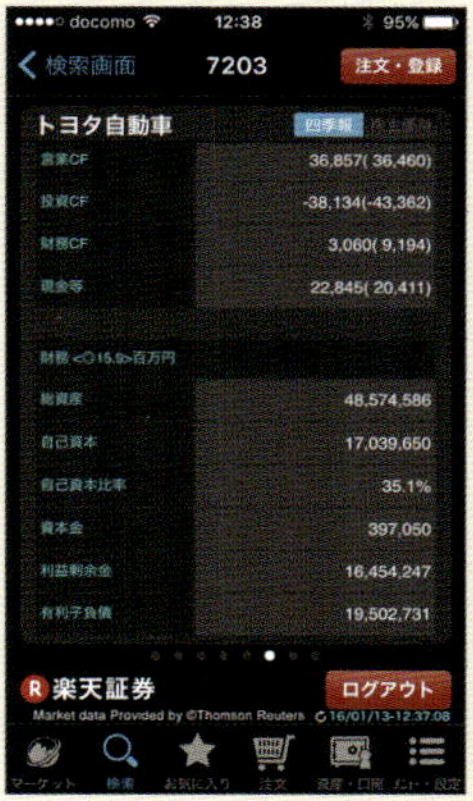

自己資本比率やROE、キャッシュフローなども。

四季報情報もスマホでOK！

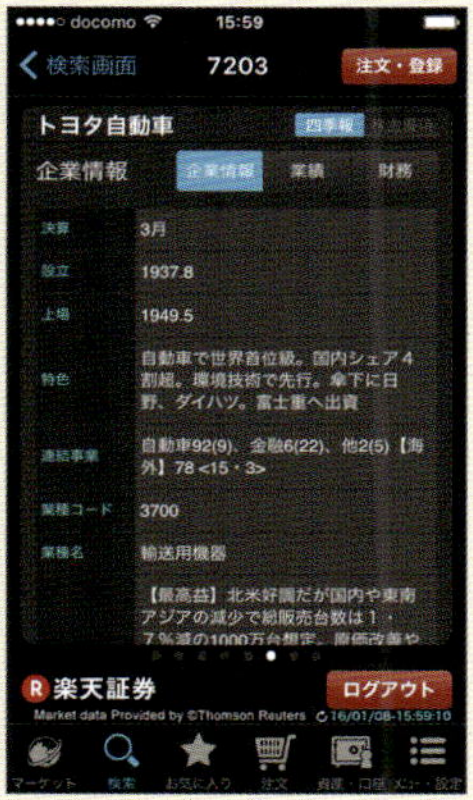

企業の基本情報もいつでも確認できる。

優待情報だって写真付きでわかる！

優待で何がもらえるかも写真を見てわかる！

もはや高価で重たい四季報は不要 通勤時間や待ち時間に銘柄分析を！

もはやスマホはポケットに入るパソコン。企業のデータや情報検索でもパソコンが不要と思えるほどの性能を発揮してくれる。証券会社が提供してくれる四季報情報などにアクセスすれば、決算や財務情報も詳細に、しかも過去数年分が閲覧できる。大人気の優待株では、どんな優待品がもらえるのか、カラー画像で知ることもできる。これは厚くて重たい会社四季報をポケットに常備しているようなもの。スマホがあれば電車の中や待ち時間などを利用して、詳細な企業分析ができるのだ（通勤時間の利用法はPART2参照）。

いつ、どこでも銘柄探し！

カレンダーでイベントも一覧！

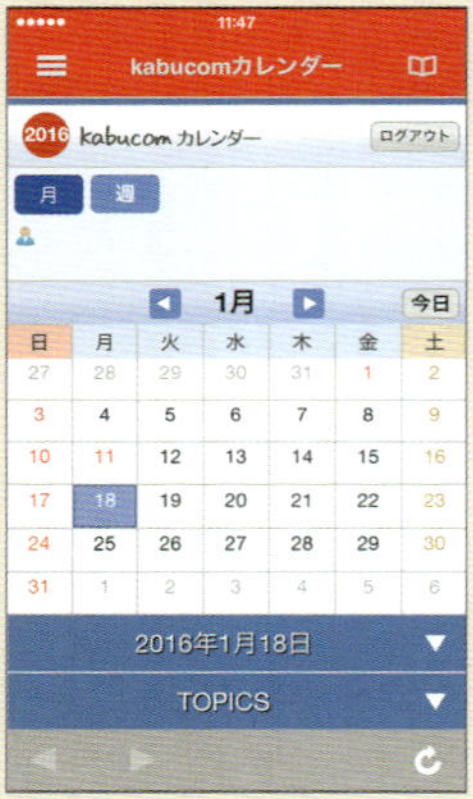

GDPの発表など重要日が一目でわかる！

LINEを使って銘柄探しもラクラク！

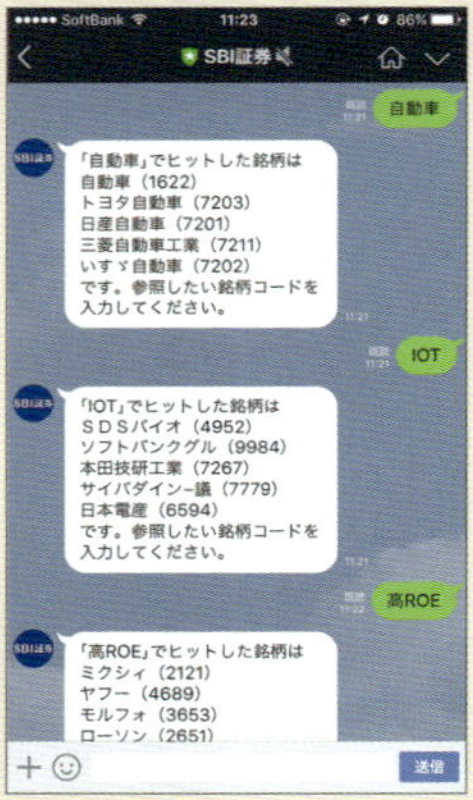

記憶があいまいな銘柄はLINEで探せる機能も！

ランキング情報も随時更新される！

値上がり率などリアルタイムのランキング。

新聞よりも早く最新ニュースが届く！

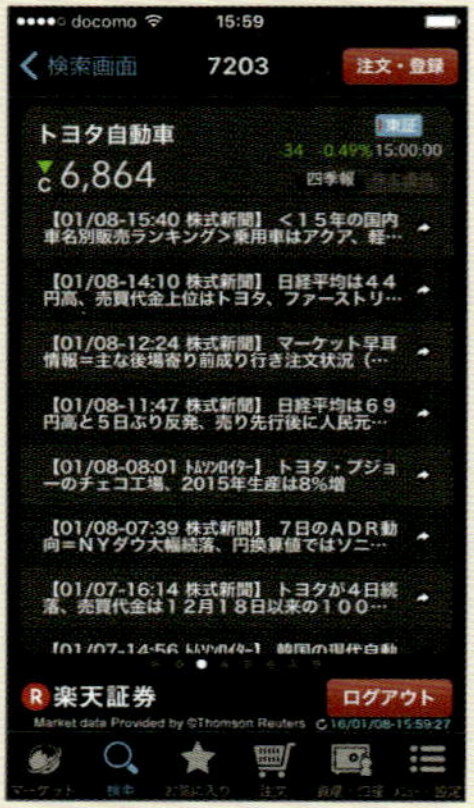

企業や経済の最新ニュースが続々と更新！

スマホに証券会社のアプリを入れれば良質で最新の情報が無料で入手可能！

証券会社はスマホを利用する顧客向けに大量の最新情報を提供している。それらは大半のニュースサイトよりも早いケースがほとんど。株式市場や企業の決算に関する投資に役立つ情報はもちろん、一般的なニュースなど仕事にも使える最新のニュースも提供されている。しかも、これらは口座を持てば無料で入手可能だ。情報ツールは、LINEで銘柄を調べたりすることもできるものなど、どんどん新しい機能も導入されているので、さらなる発展が期待できる。まずは証券会社に口座を開き、アプリを入手して使い倒してみよう（証券会社のアプリはPART4参照）。

※口絵の画像はPART4で紹介するネット証6社のものを使用

はじめに

サラリーマンでも働きながら株で大金を稼げる！

「株式投資で稼ぐ！」この言葉に何人の方が憧れ、チャレンジしたことでしょうか。

しかも、「サラリーマン」かつ「仕事をしながら」「通勤時間と休憩中に」という条件だと、本当に稼ぐことができるのでしょうか。

その疑問に対して私は、「可能です」と自信を持って言えます。

なぜなら私自身が証拠になるからです。

2000年代に入り、私は世間では保守的かつ厳格と見なされている職場でこっそりと誰にもバレずに株式投資を開始して、2億円もの利益を上げることができました。

しかも、まだ当時はスマホではなく携帯電話しかない時代。仕事を辞めて自宅のパソコ

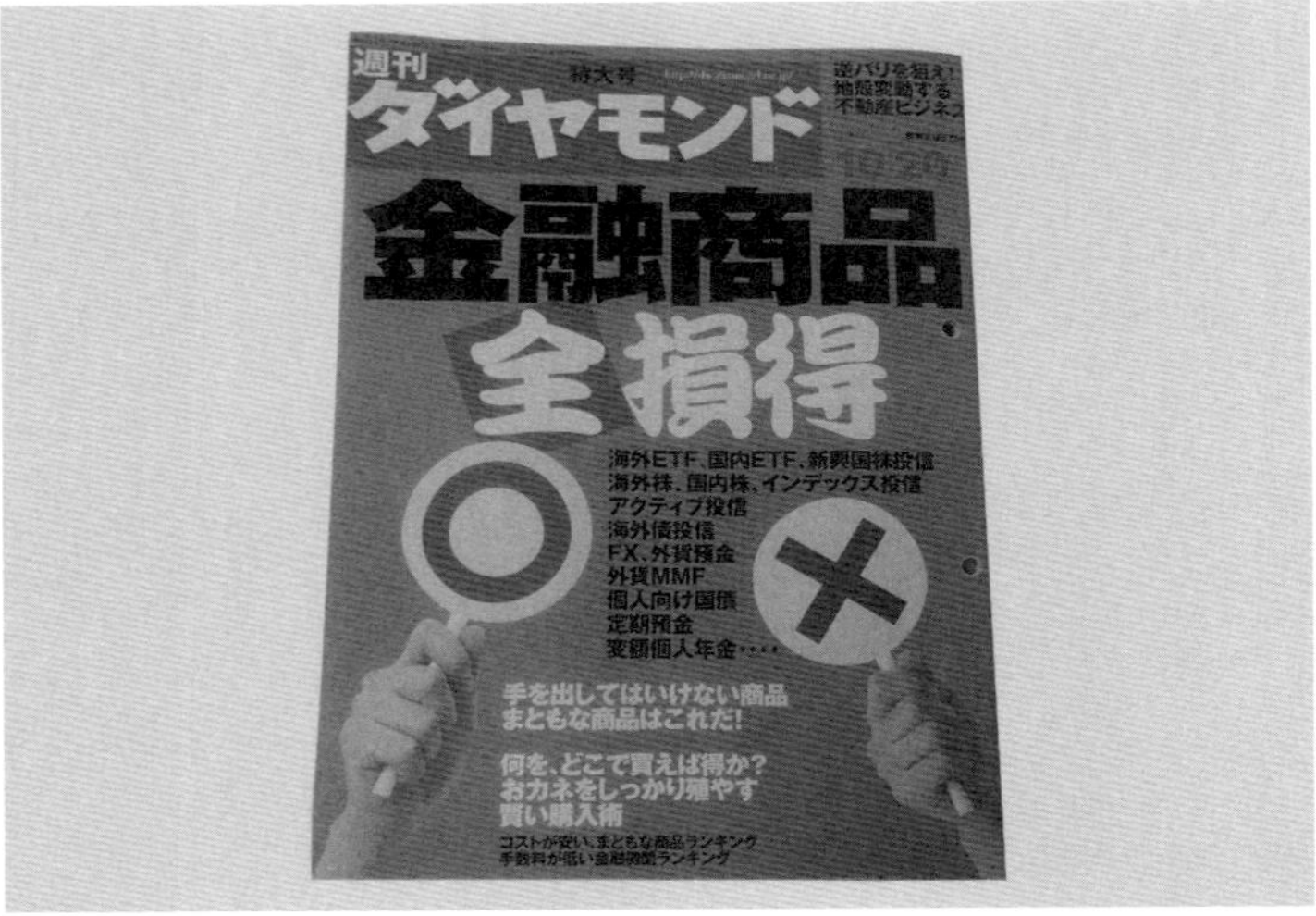

携帯電話で大金を稼いだことが記事に（週刊ダイヤモンド2007年10月20日号）。

ンの前に陣取り、注文の早さを1秒単位で競う「デイトレーダー」が登場して話題になっていた時代です。

それに対して私はサラリーマンを続けながら、たった1台の携帯電話を駆使して2億円を超える金額を稼ぎ上げました。

私の投資手法はメディアにも注目されました。週刊ダイヤモンドの記事に載ったのをきっかけに複数の雑誌や新聞に取り上げられました。

しかも当時は携帯電話の電池の寿命に限界がありましたから、写真のよう

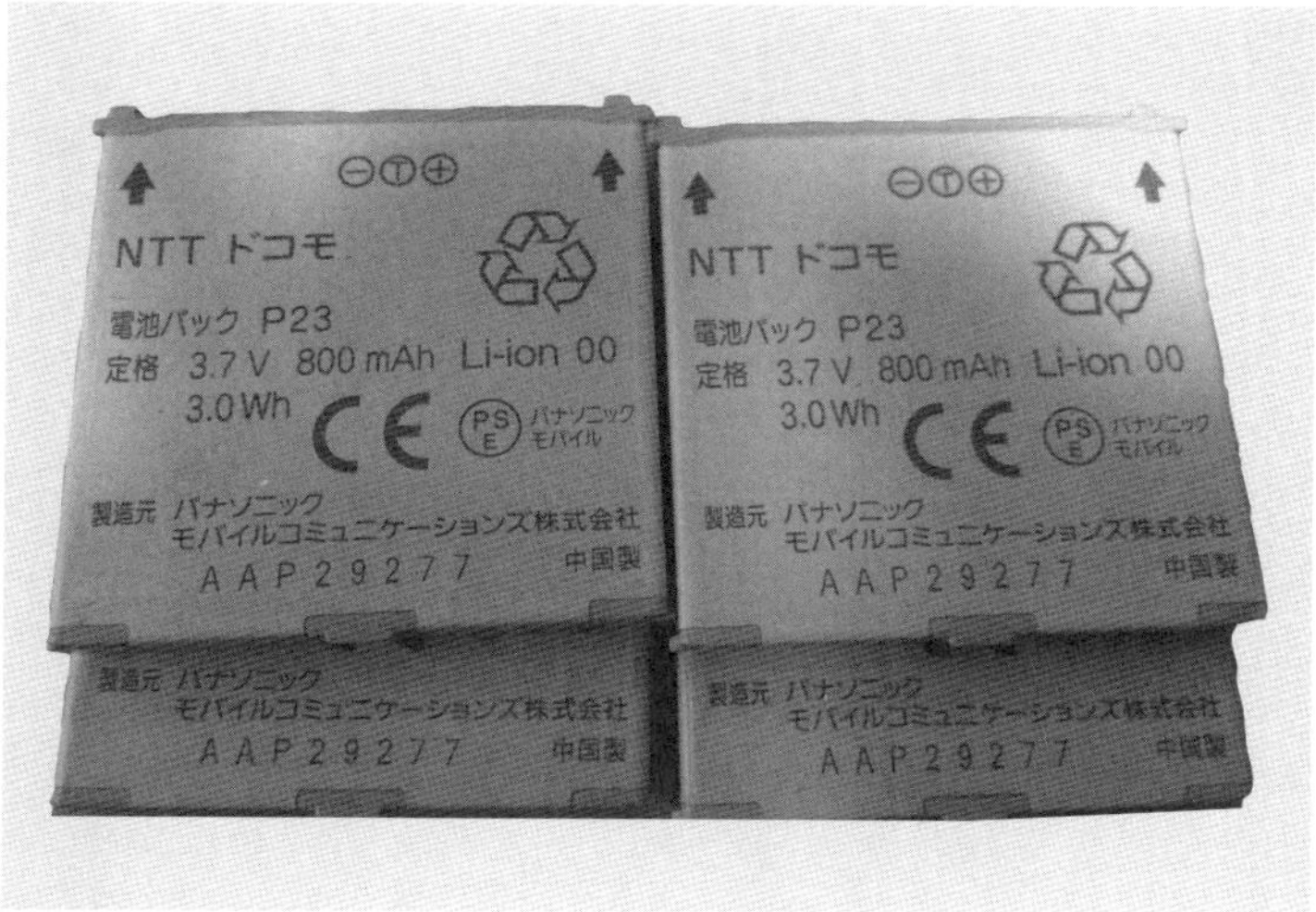

当時は携帯電話の電池パックを大量に常備。

にいくつもの交換できる電池パックを持ち歩いておりました。

見づらい小さな画面といつ消えるかわからない電池を駆使してトレードしていたのはいい想い出です。

携帯電話があったからこそ2億円稼げた

この携帯電話がなければ稼ぐことはできなかったでしょう。

なぜなら、繰り返しになりますが、私は遅くとも朝の8時45分には職場の机の前にいなければならないサラリーマンです。しかも机の上にあるパソコンも電話も私用は厳禁な職場環境です。もしも携帯電話、今日ならスマートフォン（スマホ）がなければ、9時〜15時までの株の取引の値動きに対応することができません。

1980年代のように、昼休みに公衆電話から証券会社の営業マンに電話する投資手法では、ここまで稼ぐことができなかったでしょう。

特に私の投資手法のいくつかにおいては、証券会社に電話をする、あるいは受けられる環境が必須であることから、携帯電話が必須でした（私の投資手法は『元手50万円から始める！月5万円をコツコツ稼ぐらくらく株式投資術』〈ダイヤモンド社〉などに詳細があります）。

もちろん、会社に固定電話はあります。証券会社の営業マンに「会社へ電話して」と言えば、営業マンは喜んでかけてきます。

ですが、大半のサラリーマンは重役とかで個室が与えられていない限り、そんな電話を受けていたら、上司あるいは部下の視線が痛いのではないでしょうか。

今日、株で儲けるには情報収集と適切な売買タイミングが必須

私もそんな制約のあったサラリーマンの一人でした。ですから、この世に携帯電話やスマホがなければ、私は株式投資で資産を築くことはできなかったと断言できます。

ほとんどの銘柄が理由もなくガンガン上昇した1980年代のバブル時代なら、電話で注文を出しても小遣い稼ぎはできたかもしれません。

しかしバブル崩壊後は、リアルタイムで適切な情報収集と緻密な分析、適切なタイミングでの「買い」または「売り」の注文を出さない限り大きく稼ぐことはできなくなりました。こんな相場では、現役サラリーマンの私は携帯電話やスマホがなければ情報収集はで

きなかったし、売買チャンスを逃してしまっていたので2億円もの資産を稼ぎ出すことはできなかったでしょう。

とはいえ、携帯電話を駆使してトレードするのは簡単ではありませんでした。画面は小さいし、取れる情報は限界があるし、そもそも電池が持ちません。自宅のパソコンと比べると、どうしても劣ってしまいます。

ですが、そんな携帯電話でトレードしていた私だから実感するのですが、スマホの登場によって、そういったハンデがまったくなくなりました。

SNSの発達もサラリーマン投資家の救世主

さらに端末の性能が向上しただけではありません。

見逃せない変化、それはツイッターやフェイスブックといったSNSの発達です。

情報収集という点では、参考になるブログ、あるいはツイッターやフェイスブックといったSNSにおいても、携帯やスマートフォンがあれば、いつでも自分の好きなタイミングで読めるばかりか、誰かが情報やニュースをまとめてくれたり、分析してくれたりしているので、それを読むだけでOKな時代になったのです。

例えば、ニューヨークの株式市場の動向やアメリカの経済指標などについては以前なら早朝に起きてニューヨークの株式市場の動向を分析する必要がありましたが、今ではボランティア精神あふれる有名投資家などがキッチリ分析していてくれて、それを通勤電車の中で読むだけでかなり把握できます。

投資の世界では「神」と呼ばれるような凄腕の個人投資家が何人かいますが、そういった神のような個人投資家の何人かもSNSで情報発信してくれています。

そういったすご腕投資家のSNSを読むのも非常に参考になります。

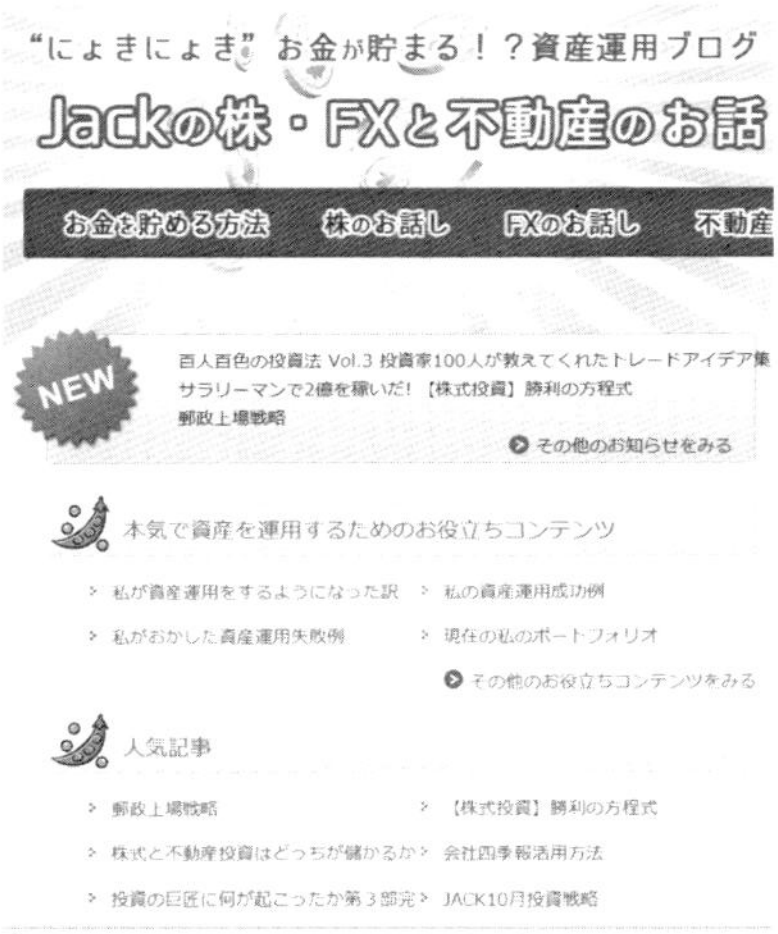

私もブログで情報発信をしております。
http://www.jack2015.com/

勝ち組の投資家はスマホを使っている！

売買でも株式投資とは安く買って、高く売ることに尽きますから、安くなったタイミングを確認して発注するというような投資行動が重要です。

そうしたことも、携帯電話やスマホがあれば場所を選ばずに可能になりました。

上昇トレンドが強い銘柄に関しては、チャート的に高値を超えたら買いというようなことが、出勤中や昼休み、あるいはトイレに行った時にでも数分いや数十秒で可能です。

特に今日では兼業トレーダーと呼ばれる方で、スマホも使わず稼ぎ出している方は皆無で、例外は全ての売買をプログラムに任せて売買させるシステムトレーダーぐらいではないでしょうか。

そのくらいスマホは株式投資の必須ツールになっている現実があります。

証券会社でも、今や注文の3分の1がスマホ経由と、年々増加しており、「近いうちに半分がスマホ経由になる」と口をそろえています。証券会社は増加するスマホユーザーのために、猛スピードでスマホ対応を整備しております。ネット証券の大半はパソコンがなくても同等の情報を得られ、慣れれば注文はスマホのほうが早くできるくらいです。

若い世代では家にいてもスマホしか使わない人も増えてきていて、ベッドで横になりながらトレードしている投資家も増えています。

もし、アナタがまだスマホ投資をしていないなら、ぜひスマホ投資にチャレンジしてみてください。本書では私のスマホ投資術のみならず、大金を稼いだスマホトレーダーたちの投資手法も公開しておりますので、ぜひ参考にしてください。

本書を参考に携帯電話（ガラケー）からの移行を含み、スマホの使い手になって大いに株で稼いで頂ければ幸いです。

もくじ

PART 2 実践編……73

第6章 JACK流シーン別のトレード体験談と裏ワザ……89

第7章 車内でも社内でも確認できる　チャートと板情報の見方も覚えよう！……101

PART 3 秘技伝授編……109

PART 4

証券会社研究編……135

PART 1

準備編

サラリーマン投資家、
中でもスマホトレーダーの1日はどのようなものなのか。
限られた時間で最大の情報を得て、
相場の変動にも臨機応変に対応できる方法とは？

第1章 私はこうして通勤時間と昼休みを利用して1日1万円稼いだ！

トレードは1日10分！　私の起床から就寝まで

「ＪＡＣＫさんは本当に働いているの？」という質問をよく受けます。

自慢ではありませんが、日本や海外の経済動向はもちろん、企業の決算や増配・減配、新規公開情報などの株価に影響を与えそうなニュースについては、専業トレーダーに負けないくらい最新情報を押さえているからです。

そして何度も株価が底値を付けた時点や、新高値を抜けた時など、平日の昼間の「いいタイミング」で売買を成功させているからです。

もちろん私に特別な能力があるわけではありません。時間を有効活用し、スマホやSNSを使い倒しているだけです。「すき間時間の利用法がコツ」とでも言いましょうか。

では、実際に私がスマホを使ってどのようなことをしているかをチェックしてみたいと思います。

5時半　起床。私の起床は朝の5時30分です

まずは、昨夜からのNYダウ平均株価、ナスダック総合指数などのNY株式市場の株価指数をチェックいたします。

その後、ツイッターとフェイスブックのチェックとなります。前の晩に更新されたスゴ腕投資家や専門家たちの考え、本日の投資戦略などを確認。今やこれで日経新聞よりも貴重な情報やまとまった分析、最新の情報が入手できます。また自分が見落としていた情報、気付かなかった視点などが得られるのもSNSの長所です。

私は朝型なので起床時間が早めですが、夜型の人なら情報チェックなどは寝る前になさ

ってもOKです。布団の中で横になりながらスマホで確認しつつ眠りに就く投資家も増えています。パソコンしかなかった時代では考えられないやり方です。

7時半　通勤。私の場合約1時間になります

サラリーマン投資家にとって通勤時間は貴重な時間です。私の場合、株関係のサイトのチェックと株の注文の時間となります。

首都圏の電車通勤なので、さすがに座ることができませんがスマホを操作するくらいならできます。スマホならパソコンやタブレットと違い、周りに迷惑かけることなく、十分に快適に使えます。

8時45分　出社

始業時間は9時ですが、15分前には会社に着いているので、9時ぎりぎりまで株価の板を確認し、新たに追加で発注したり、時には注文を訂正したりします。

合わせて証券会社からの電話もあればまずはこの時間に対応します。基本的にはスマートフォンは、前述した作業に使いますので着信専用の携帯電話も別に1台あると便利です。ただ、ほとんどの人は、今はネット証券でトレードして電話対応する必要がないので、この点については気にする必要はないでしょう。

9時　前場スタート

朝は仕事も最も忙しい時間帯です。基本的に仕事に専念しております。

10時～10時30分　トイレタイム（約3分）

ここでは、発注状況含めた自分の保有銘柄のポジションチェック、証券会社からのメール等の確認をいたします。寄り付きから自分の銘柄がどのように動いたのか、9時前に発注しておいた注文は執行されたのかなど確認します。

11時〜11時半　自動販売機で飲料購入（約2分）

前場が終了となる11時半までに2度目のポジションチェックをいたします。証券会社から届く注文執行メールなど確認します。職場によっては柔軟に「2回目のトイレ」「喫煙ルームへ行く」とかにしてもいいでしょう。

11時半　前場終了

株式市場も昼休みに入ります。市場は動かないので昼休みまで仕事に集中します。

12時　昼休み

ここからがサラリーマントレーダーの黄金タイムになります。

昼食は事前にコンビニ購入、あるいは宅配の弁当等含め、15分以内に取り終え、折り返しの電話が必要であればこのタイミングでします。

後は、12時30分からの後場の取引開始に備え、ポジションチェックと前場の値動きについて発信しているツイッターやブログをチェックいたします。

12時半　後場スタート

昼休み中なので後場のスタートを見つつ、柔軟に対応します。

13時　昼休み終了

再び業務に専念します。

13時半　トイレタイム（約3分）

13時〜14時の間に3分のトイレタイムを取ります。後場に入ってからの発注状況含めた自分の保有銘柄のポジションチェックをします。

14時半　自動販売機で飲料購入（約2分）

14時30分～15時の間に自動販売機へ飲料購入に行きます。発注状況含めた自分の保有銘柄のポジションチェックをします。午後も3時頃になると休憩や一服の時間になる職場も多いかもしれませんが、可能であれば少し早めに取ってみましょう。

15時　取引終了

市場が閉じてしまえば、ジタバタしても仕方ありません。本日のトレードの結果など知りたくなりますが原則、職務に専念します。

18時～　退社

帰宅するまでの時間は邪魔の入らない貴重な時間です。東証の適時開示情報をチェックして、時には19時からの夜間取引（一部の証券会社で可能）の発注をいたします。後は、メールの返信や留守番電話への対応をします。

20時　帰宅

帰宅から就寝までは、プライベートな用事や家族との対話をこなしつつ、株関連のサイトやブログのチェックと監視銘柄のチェック（実際の発注は翌朝）をして、おおむね23時30分には就寝します。以前なら自室のパソコンの前に張り付いてしまいがちでしたが、スマホのおかげでどの部屋にいても、あるいはベッドに横になりながらでもブログを読んだりできるようになりました。

営業マンや出張族ならもっと時間が自由になる

このように意外というか、驚かれるかもしれませんが、仕事中のトレードは昼休みを除けば合計して、わずか10分です。忙しい職場でも10分程度ならば捻出できるのではないでしょうか。

もちろん、これは比較的、厳格な職場で働く私の通常の1日の仕事のパターンでの時間捻出方法です。外回りや出張などで電車の移動時間等も使えるのであれば、妙味が増すことは言うまでもありません。

内勤が基本の私の場合は「社内の別のフロアにある課へ打ち合わせに行く際の移動時間」、「大量のコピーを取っている間のコピー機の前の待ち時間」とかが発生した場合を、株価やポジションのチェックのチャンスとしています。もちろん、外へ行く用事が発生した場合は自ら積極的に買って出ます。

無理にマネをせず投資手法はアナタの得意なスタイルでOK！

どのような取引をしているかなどは、PART2で解説します。

ただし、**本書は「時間や環境的にトレードの制約があるサラリーマンが通勤時間や昼休みを使ってどのように稼ぐか」がテーマです。すでにアナタなりの投資法がある場合は、無理に投資法を変えるのではなく、私の時間の使い方、スマホの使い方を参考にして、アナタの得意な投資法を当てはめてください。**

例えば「低位株投資が得意」というなら、無理に投資スタイルを変える必要はありません。ただ、私のスマホ利用法を参考にして頂ければ、「有給休暇を使わないとトレードができない」「携帯電話ではチャートが見られないから、銘柄研究が電車内ではできない」「帰宅するまで注文が執行されたのか不明で不安」といった障害が取り除けるはずです。

多忙な人ほど効率よく儲けられる3つの理由

私は自分の環境を他人に話すと、「そんなに忙しいのによく儲けられましたね」と言われることも多いです。

しかし、多くの投資家を見てきて言えるのは、忙しさ＝トレードに費やしている時間の長さと投資成績は無関係だということです。むしろ、忙しい人ほど効率よく儲ける手法をマスターしている方が多い感があります。

その理由を考えると、これはやはり限られた時間で結果を出す（この場合で言うと株式投資で儲ける）という目的がぶれないことが第一にあるのではないでしょうか。

「働きながら株で儲ける」という目的意識が大事

実は、これが最も重要かもしれません。「株で儲ける」「株で資産を築く」という目的がしっかりしていないと、多忙な人であればあるほど投資の優先順位が下がりますから、投資成績つまり儲けのパフォーマンスは落ちるか、あるいは儲けていたとしても「相場がよかっただけ」など運任せになっているように思えます。

1日は24時間しかなく、睡眠時間と食事時間、そして本業で働いている時間、さらに家事やら趣味やら様々な時間を差し引くと、特に平日は株式投資に充てられる時間は少ないと思います。ですが、多忙な人ほど投資に充てる時間の確保の大切さを認識しているので、効率よく時間を使う工夫と努力をします。

「通勤時間はスマホでついついゲームをやってしまう」というのも理解できますが、投資の時間の確保という点では、もったいない気がします。

東証のシステム変更で投資時間と投資成績は比例しない時代に

最後は投資手法とも関連しますが、私の投資手法が1日中パソコンと睨めっこしながら稼ぐというものではないことがあります。

かつて流行したパソコンの前に張り付いて売買タイミングの1秒を競うようなデイトレードの手法は、東証のシステムの刷新（人間が対応できる速さを超えて取引が高速化された）で意味が薄くなりました。パソコンの前に張り付いていることが儲けるための前提条件ではなくなったのです。トレードに費やせる時間の多い少ないに関係なく、チャンスは平等になったと言えるでしょう。情報収集に加え、「底値で拾う」「上値を追う」「確実に利食う」「思惑が外れたら損切り」といったメリハリのある行動こそ重要なのです。

まとめますと、

・限られた時間で結果を出さなければいけないという認識。

・限られた時間が貴重な価値を持っていることの認識。

・投資時間と投資成績が比例しなくなった仕組み。

の3点が多忙な人の効率性の理由になると思いますし、時は金なりというような表現が一番当てはまるのではないかと思っています。

スマホと株取引の相性はバッチリな理由

1990年代後半、インターネットが普及してネット証券が登場した頃、「インターネットのおかげで株式投資が変わった」「ネット証券のおかげで株で大儲けできた」という声をよく聞きました。

情報のやりとりだけで済む株式投資とネットは相性がよく、株のネット取引はあっという間に広まりました。最近はスマホでも同じような声を聞きます。

大儲けした個人投資家と情報交換していると「スマホのおかげで儲かった」「スマホがなければ今の資産はなかった」と言う人が増えてきているのです。

スマホと株式投資は相性がバッチリなのでしょう。

この点については、今までの自分の経験からも説明できます。

私自身、株式投資は28年にもなりますが、デビュー当時は情報源は新聞、注文は固定電話、公衆電話でした。

それがネットの普及とともにパソコンとなり、携帯電話の高機能化で携帯電話の活用となり、2012年頃からスマホでの取引がすっかり中心になっています。

そのあたりを改めて考えてみると、まず、一番大きいのがパソコンと同じ環境が24時間365日、（電波が届く場所なら）どこでも実現可能である点です。

しかもコンパクトゆえに、常にポケットにしのばせ、通勤電車の中やトイレの中で利用できますし、時には職場の机の下で勤務中でも注文画面の操作もできます。

単なる持ち運びの利便性を考えれば携帯電話（ガラケー）でもいいかもしれませんが、圧倒的にスマホの方の画面が見やすく、発注画面なども非常にスムーズに遷移します。

次にスマホで活用できる取引ツールやアプリが各社豊富にあるということであります。

このあたりはＰＡＲＴ４でも詳細を取り上げますが、「ここまでできるのか！」とか「こんなこともできるのか！」というものが多々あり、初めて使ってみると驚愕の事実に直面すること間違いありません。

ＳＮＳも株式投資の革命！

スマホの普及でフェイスブックやツイッターなどＳＮＳが発展した点も影響が大きいです。株式投資に必要な情報の入手が楽になり、有名投資家や専門家の分析なども無料で手軽に読めるようになりました。しかも、ＳＮＳを読むのは通勤時間の電車の中、就寝前のベッドの中などなので、時間を有効活用できるのです。

（サラリーマン投資家にピッタリなＳＮＳなどや、寝ながら投資する方法の紹介はＰＡＲＴ３からの個人投資家３人のノウハウの中で詳しく紹介しますのでぜひご参照ください）

そして、スマホ１台さえあれば、株式投資に限らずプライベート電話着信やメールにＬＩＮＥ、また前述したようにパソコンと同じ環境でありますから、ちょっとした調べもの等にも難なく対応できます。

また電池の持ちがガラケーと比較にならないほど長い点も大きなポイントです。11ページの写真で紹介したように、ガラケー時代に私は大量の電池パックを常に持ち歩いていました。途中で電源が切れてしまって情報が寸断されたり、注文が出せなくなったりするリスクが非常に高かったからです。

第2章 スマホの用意と口座開設をしよう！

iPhoneでもアンドロイドでもOK、周囲と同じものがベター

ここからはスマホ初心者に、必要な準備について解説します。

スマホ自体は大きくiPhoneとそれ以外、つまりアンドロイドOSの機種に分かれます。どちらが使いやすいのかといった議論をよく耳にしますが、こと株式投資の世界においては、どちらがいいというのは特にありません。

スマホで株式投資を行うに当たり差異はありませんので、使い慣れた機種があるなら、それを使用してください。

これから新規にスマホを購入する場合は、家族や友人など身近な人と同じ機種にすると、設定や操作方法に困った時など質問しやすいという利点があります。

じつは私がｉＰｈｏｎｅを選んだ理由もそこにあります。単にスマホデビューする際、周囲ではｉＰｈｏｎｅユーザーの方が圧倒的に多く、基本的な操作方法もしくは株式投資の環境設定などに関して、気軽に人に聞ける環境にあったことがｉＰｈｏｎｅを選んだ経緯でした。

株式トレードはやりたいが、通話もバンバンしたいというような方は、スマホあるいはタブレット端末とは別に携帯電話を持つ2台併用も選択肢に入れるといいでしょう。私の場合は通話用に普通の携帯電話（ガラケー）も所有しています。

また、アンドロイド機種の液晶サイズは約5インチが多いのに対し、ｉＰｈｏｎｅ5ｓは約4インチ、ｉＰｈｏｎｅ6は約4・7インチでありますから、少しでも大きい画面であればアンドロイド、逆にやや小さいｉＰｈｏｎｅの方が片手でいろいろ操作できると一長一短があるので、ショップや量販店で実際に手を取ってみることをおすすめします。

大画面かコンパクト機かは環境次第で決めよう

スマホ用の証券口座は携帯電話とは比較にならないほど高機能になっていますので、それらをガンガン活用する人には大画面が有利です。スマホトレードを開始すると、チャートなど情報画面を見ることも多くなりますので、画面の大きな機種ほど使いやすいです。

一方で職場でトレードするとなると、ポケットにこっそりしのばせてトイレへ行ったり、袖の中に隠して株価を確認したりしたくもなります。その場合は画面の小さいコンパクトな機種がいい時もあります。

特にサラリーマン投資家にとって通勤時間は大事な情報収集&発注時間です。通勤電車が新聞も読めないほどの混雑電車なら、片手で操作できる機種がいいでしょう。

このようにアンドロイドしかできないこと、あるいはｉＰｈｏｎｅしかできないこともありますので、皆様の事情や環境に合わせて選択すればＯＫです。

ただ、アンドロイドにしろ・ｉＰｈｏｎｅにしろ、絶対に注意しなければいけないのが、昔からの携帯電話の宿命である、電池（バッテリー）の確保になります。

機種選定では容量の大きいものを選びたいものです。ただし、現在販売中の機種で最大のものでも、株式トレードをしていると、省電力モードの使用あるいは不要な常駐化しているアプリの削除をしたとしても1日で使い切る場合が多々あります。「いつでもどこでも使える」というのがスマホの大原則ですから、スマホ投資を始めるなら予備バッテリーを用意した方がよいでしょう。

私自身も携帯電話の時代と異なり、いくつもの電池を持ち運ぶのではなく（11ページ参照）、会社で充電するわけにもいかないので別売りの充電用バッテリーを持ち歩いてます。

スマホ対応に熱心な証券会社はこの6社から選ぼう！

次にスマホ投資に適した証券会社です。

結論から言えば、私自身も使っており、周囲の投資仲間からの推奨はずばり「ＳＢＩ証券」「カブドットコム証券」「GMOクリック証券」「松井証券」「マネックス証券」「楽天証券」の6社になります（挙げた6社の順は五十音順です）。6社全てに言える長所としては、パソコン用のサイトにおいても様々な取引ツールがあること、何よりも手数料自体が安いことです。

各社の特徴、利点は135ページからのPART4で詳細に解説しますので参考にしてください。

第3章 外でトレードする際の基本ワザを覚えよう！

初心者も安心① マスターしたい株の3つのルール

では、ここからはスマホで投資する際の注意事項を解説していきます。基本的すぎることですが、株式投資は、「あせらず」「あわてず」「あきらめず」がルールになります。

一番やってはいけないことは誤発注です。私自身も携帯電話の時から、実は今でもたまにやってしまいますが、金融機関のプロでも誤発注があるので気を付けたいものです。

店頭と異なり、ネット証券では注文の電話確認がありませんので、

①銘柄は間違いはないのか

②買いなのか売りなのか

③100株なのか1000株なのかといった注文株数

最低でもこれらについては、焦らず、落ち着いて、自分自身で確認しながら入力する必要があります。

ビール会社のはずが金属会社の株を買ってしまう！

特に①については、正式社名を知らないケースや、上場企業には似たような会社が多くあるので注意が必要です。例えばビールメーカーのアサヒビールの株を買おうと思っても、今は「アサヒビール」という会社は上場していません。上場しているのは、アサヒビールの子会社だった飲料会社や食品会社と経営統合して持ち株会社となった「アサヒグループホールディングス（コード2502）」という社名です。

スマホの入力が面倒で、ついつい「アサヒ」「あさひ」とだけ入力してしまうと、自転車販売の「あさひ（3333）」、塗料の「アサヒペン（4623）」といった似た名前の会社がたくさん出てきてしまいます。さすがに「旭化成」と間違える人はいないかもしれませんが、初心者や焦っている人だと「あさひ」や「アサヒペン」とは間違いかねません。

少し経済ツウで「持ち株会社になったんだよな」ということは知っていたとして、「アサヒホールディングス」という社名で発注すると大変です。なぜなら「アサヒホールディングス（5857）」という、そっくりな社名の金属リサイクル会社が上場しているからです。実際、この2社を勘違いして買ってしまったという投資家は少なからず存在します。「株主優待を狙ってアサヒビールの株を買ったのに、なかなか株主優待が届かないと思って証券口座を再確認したら、金属リサイクル会社の株を買っていた！」といったエピソードがマネー誌に載っていたほどです。

なるべく社名と一緒にコード番号を覚えよう

アサヒビールなら馴染みのある社名なので、社名を検索して確認もできますが、新興企業では「そもそもの会社名を忘れてしまった」という事例もあります。

バイオ系の企業やＩＴ企業など聞き慣れないカタカナの社名で、「画期的な抗がん剤を開発している会社だったんだけど…」「スマホ用ゲームが大ヒットしているんだが…」とか、焦れば焦るほど記憶があいまいになって社名が出てこないなんてこともあります。

防止策としては、可能であればベテラン投資家のように会社は社名と一緒にコード番号も覚えるようにするといいでしょう。貴重な休憩時間にスマホを操作する際も、社名を入力するより４ケタのコード番号を入力する方が断然早く、楽ですから。

間違って違う銘柄を売ることも注意！

銘柄のミスは買う時だけではありません。自分の保有銘柄を売る時もあります。

「保有銘柄一覧」の中から、売りたい銘柄を選んで売り注文を出すのですが、電車の中や仕事の合間などに慌てていると、よく確認しないで隣に表示された銘柄など、指がずれたりして意思とは違う銘柄を指定して売り注文を出してしまうことがあります。

もちろん画面では「確認」の画面が表示されるのですが、焦っているといちいち見ないで、ルーティン作業のように「はい」を押して注文を確定させてしまいがちです。「そんな初歩的なミスはしないでしょう」と思われがちですが、慣れれば慣れるほど、こうした惰性による凡ミスは起こるものです。

スマホならではの刻一刻と入る情報に焦らない！

次に意識したいのが、投資家特有の心理状態です。

どうしても、株価が上昇している時は「乗り遅れる」とか、皆が儲かっていると、「すぐに買わないと」、あるいは高値から急落すると「売らないと大変だ」という心理が働きます。私自身もいまだにそのような思いになりますが、「あわてず」自分のペースで売買注文を入れる、あるいは冷静になり、時には見送るというスタンスも必要になります。

そして、最後はなかなか自分の希望する買値まで下がらない、あるいは、なかなか利益確定できないというような状況に遭遇するとは思いますが、ここでは「あきらめず」粘り強く継続することになります。

何せ上場銘柄は約3500社ありますから、その銘柄一つに固執することはありません。チャンスは何度でも訪れます。日々、結果を求められるディーラーや専業投資家と異なり、サラリーマンの最大の特権は「待つことができる」ということです。投げ出したり諦めたりしなければ、必ず報われる日が到来すると言えます。

特にスマホ投資デビューすると、大量の情報が入ってくる上に、いつでも売買できるので、ついつい「何か売買しないと」という心理に陥るので注意してください。

基本は、「あせらず」「あわてず」「あきらめず」実践するというのが、株式投資のルールであり、それがじっくりとできる環境があるのがサラリーマンの最大の武器ではないかと考えています。

初心者も安心② スマホのこの機能だけ覚えればOK!

当たり前ですが、基本は株式の売買注文方法だけ覚えればまったく問題ありません。

自分のお気に入りのアプリをタップして、ユーザーIDとパスワードを入力してログインをします。基本的には、今後は自動ログイン設定でスマホに記憶させれば、次回からは、この手間は省略されます（ログイン画面は次のページの写真①を参照）。

そして実際に株式を購入する場合においては、買い注文の画面、次に購入した株式を売却する場合においては、売り注文の画面、この2画面だけを覚えれば大丈夫です（注文画面は同写真②を参照）。

慣れてきて、さらにリアルタイムのチャートと銀行から証券会社への入金及び出金画面をマスターすれば、完璧にスマホだけしか使わずに株式投資を実践することができます（チャートは同写真③、入出金は同写真④を参照）。

この程度のことでOKです。パソコンで株式投資をしたことがある人なら、何の抵抗もないでしょう。たいして覚えることもありませんし、写真のように画面遷移もほとんどありません。スマホの株式投資の取引の機能は簡単なものですから、初心者の方も安心してチャレンジして欲しいと思います。

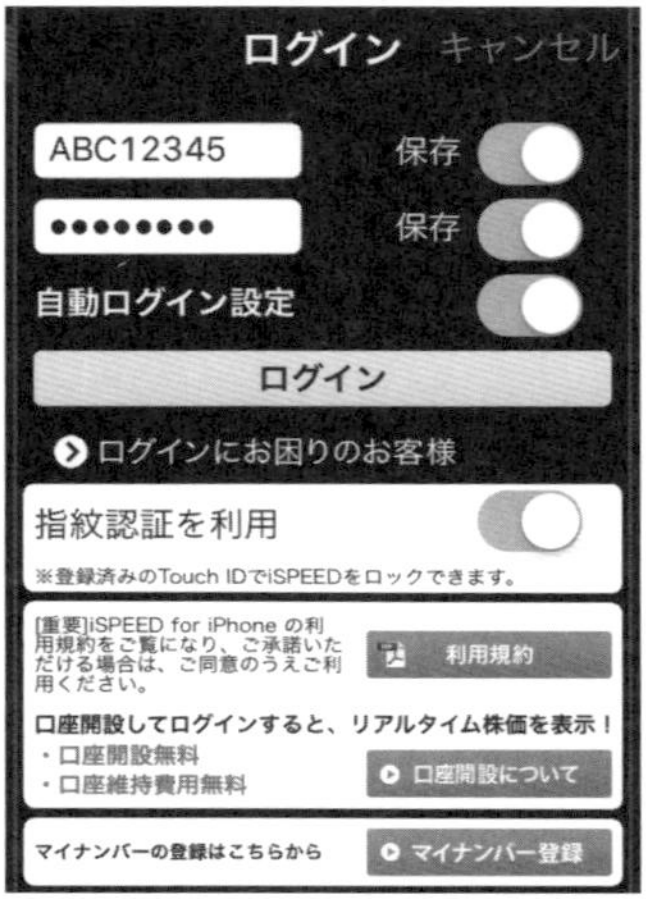

①ログイン画面の写真（SBI証券）。

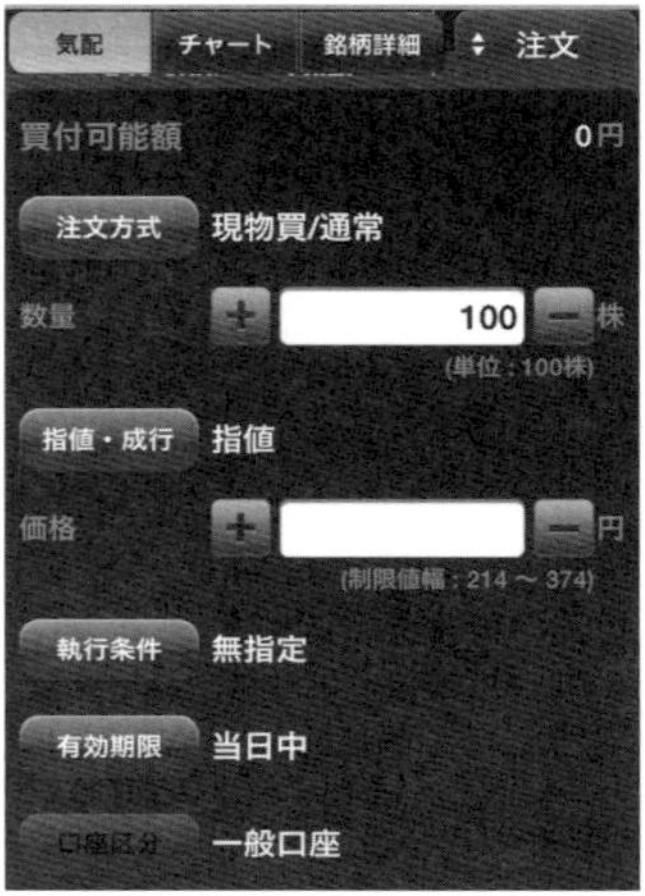

②株式の買い注文の画面（マネックス証券）。

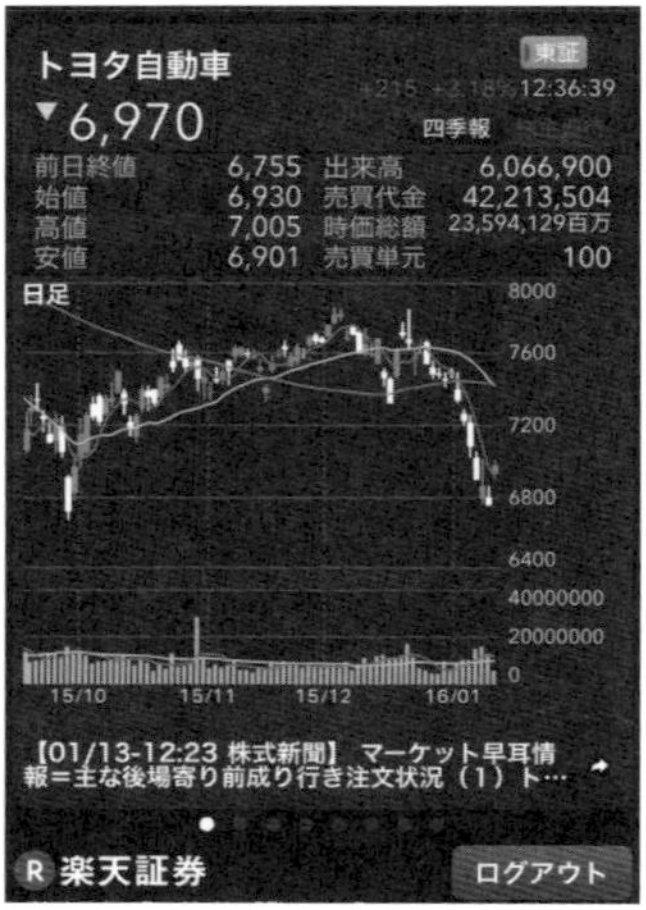

③情報画面も見ただけで操作可能（楽天証券）。

④銀行から証券会社への入金画面（松井証券）。

第4章 新聞もテレビも不要のスマホ情報収集術！

スマホこそ最強の情報ツール、家の外にいても最新情報ゲット可能！

やはり、スマホを使っての情報収集の一番の目的は、自宅以外でも最新情報を得るということです。それならば、ニュースアプリの利用は鉄則であると考えておりますので、実際に私が使用しているアプリをいくつか紹介します。

まずはパソコンでもフル活用させて頂いている「ヤフーニュース」のサイトになります。

とにかく、ニュースの記事が読みやすいように最適化された公式アプリになります。

地域を設定すれば、都道府県別ニュースを見ることができ、路線・運行情報や天気情報もチェックすることができます。

http://promo.news.yahoo.co.jp/app/yjnews/

次にスマホでニュースを快適に閲覧することに特化した「SmartNews」です。SmartNewsはそもそもiPhone向けアプリが先行してリリースされ話題になったもので、ツイッターでシェアされる記事を独自のアルゴリズムで解析し、話題になっているニュースを分野ごとに配信しています。

すべて
ニュース
話題
芸能
スポーツ
お買
経済
スズキ トヨタと提携交渉否定
NEW 1/27(水) 10:02
サントリー 海外移籍制度導入
NEW 1/27(水) 9:32
フォード撤退 中国など注力か
NEW 1/26(火) 22:12
JR西 小浜・京都ルートを要望
1/26(火) 21:18
日銀総裁の年収増 3481万円に
1/26(火) 19:00
ニトリ創業者 似鳥社長が退任
1/26(火) 14:03
プレステ SCEが社名変更へ
国内
地域
国際
経済
IT
科学
エンタメ
スポーツ

いつ、どこでも最新の情報を入手（ヤフーニュースの画面）。

ニュースの分野は11チャンネルで自分好みのものを複数選択でき、政治・経済からエンタメ・スポーツ、2ちゃんねるまとめブログまで幅広く最新ニュースをキャッチすることが可能です。また、ニュースの届く時間を指定してまとめてチェックできる機能や、スッキリとしたレイアウトにまとめられた記事は読みやすいと感じています。

https://www.smartnews.com/ja/

最後は、ニュースと関連して週刊誌（雑誌）アプリとして「週刊誌まとめ！全紙無料！（全紙無料読み放題）」になります。

こちらのアプリは字の如く週刊誌（雑誌）の掲載情報を厳選して、質の高いニュースが届きます。週刊誌（雑誌）をランキングで表示しており、大きな話題になること間違いない人気記事がすぐ見つかり、お気に入りに登録しておけばいつでも好きな記事が呼び出し可能です。

https://itunes.apple.com/jp/app/zhou-kan-zhimatome-dumi-wu/id582684278?mt=8

https://play.google.com/store/apps/

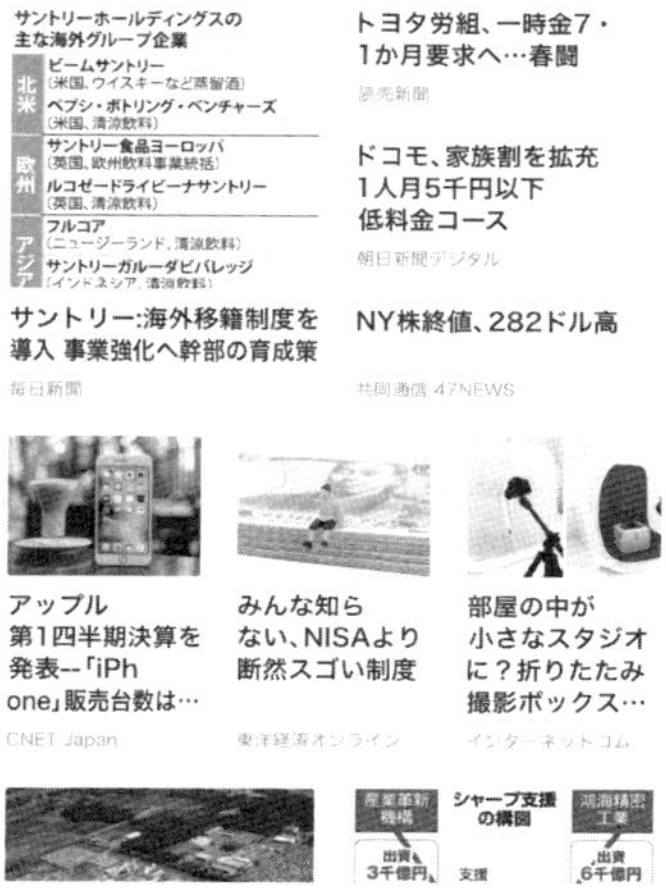

スマホ向けに特化して設定も変更可能（Smart Newsの画面）。

投資情報も充実（週刊誌まとめ！全紙無料！の画面）。

details?id=com.magazin.weekly&hl=ja

いずれにしろ、ここで紹介したアプリを使えば、新聞や雑誌をバサッと広げる必要はなく、食事の時でも通勤電車の中でも最新のニュース等をいつでもどこでもアナタのスマホでチェックできますので、ぜひお試しください。

スマホでも楽々見られるオススメ株式情報サイトはこれ！

では、次に株式投資に特化したアプリをいくつか紹介したいと思います。

まずは、株式新聞のスマートフォン版になります。

サービス名称は「株式新聞Ｗｅｂ」で１９４９年創刊の日本最大の証券専門紙「株式新

聞」のＷｅｂ版になります。毎日17時30分には読め、「カリスマ株式評論家・山本伸のプレミアムレポート」、本紙記者による注目銘柄情報「堂々！勝負株」など株式新聞Ｗｅｂでしか読めないプレミアムコラムを掲載しています。

価格は月々４０００円となっております。

http://www.morningstar.co.jp/publishing/kabushiki/

次は日本証券新聞のスマートフォンアプリ版になります。

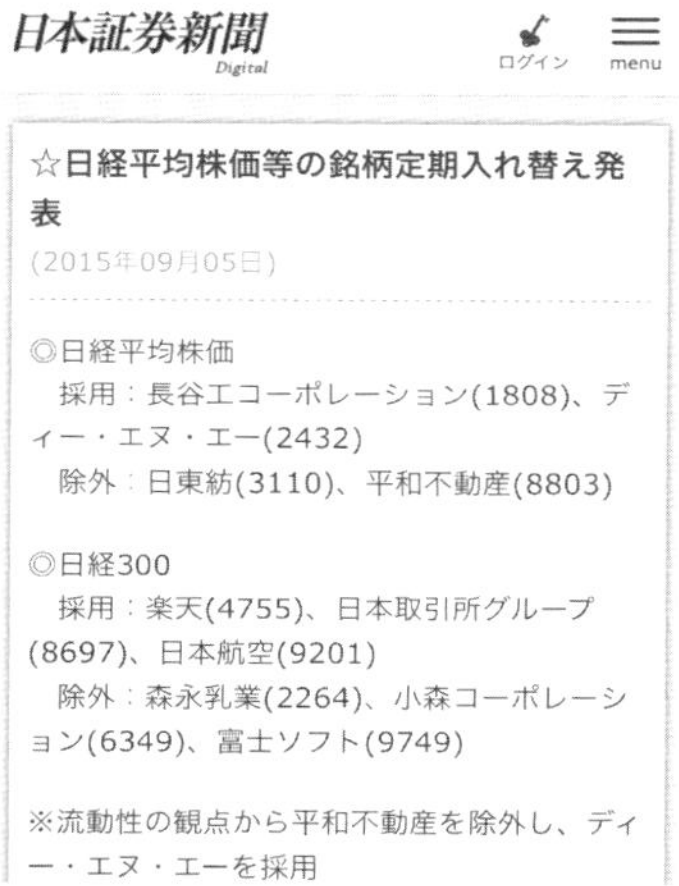

私も連載している株情報に特化した日本証券新聞の画面。

サービス名称は「日本証券新聞Ｄｉｇｉｔａｌ」になり、毎日18時頃までに更新され、新聞ＰＤＦ、銘柄・相場情報、ＩＰＯ、など投信情報を満載して届きます。

価格は月々３０００円となっております。

http://nsjournal.jp/info/1082.html

ちなみにこちらの新聞に僭越ではありま

すが、月に1回、私のコラムを記載しておりますので合わせて読んで頂ければ幸いです。

ＦＩＳＣＯはスマホ投資に必須の無料アプリ

ここまでは有料のサイトでありましたが、無料のサイトもいくつか御紹介いたします。まずはアプリの「ＦＩＳＣＯ」は、全上場企業約３５００社の株価分析情報がスマホから見ることができ、投資の判断材料となる様々な情報が、素早く手軽に、そして効率よく手に入る強力なアプリです。

約３５００の全上場銘柄にスゴ腕のアナリストのオリジナルコメントが付いていたり、そのアナリストたちが総力を挙げて執筆した分析記事が、全上場企業約３５００社全てで読むことができたりします。そもそも株価分析情報がアプリ一つで見られることが驚きですが、それに付け加えてプロの意見が無料で手に入るのです。

さらには今、話題になっているニュースに関連する銘柄がどれなのか、ぱっとすぐにわかるのは、おそらく株式投資に長けたベテランならなせる技とは思いますが、知識がなければ頭を凝らしながら調べなければいけません。

ビギナー必見！　話題のニュースに関連する銘柄もすぐわかる！

このFISCOでは、新聞などのニュースのキーワードをクリックすると、その関連銘柄をズラリと一覧表示できるなど、テーマ別銘柄検索機能が付いています。これなら株式市場のトレンドを容易につかむことができ、時には「え？　このニュースはこの銘柄と関係していたのか！」と気付きがあり、相場観も養われます。

また、スクリーニング（銘柄の絞り込み）機能が搭載されていて、普通なら、外部の専門サイトに行って条件を入力して検索しますが、FISCOを使えば、スマホからスクリーニングをすることができますので、余計な手間を省くことができます。

株価や業績、財務指標など基本的な数値で銘柄を絞り込めるだけでなく、売上や利益の年平均成長率（CAGR）や会社予想に対する業績の進捗率など、フィスコアナリストの銘柄選定ノウハウも活かされています。

無料アプリでも最新情報がどんどん入る（FISCOの画面）。

そのあたりは、初心者の方など、どのような検索条件にすればいいのか、わからないことがあるかもしれません。しかし、このアプリにはアナリストがおすすめするスクリーニング条件が用意されていますので、プロの判断で銘柄を選びたいなら役に立つでしょう。

いずれにしろ、株アプリだけではおぎなえなかった銘柄・マーケットの情報を、このアプリを使って手に入れれば、スマホ一つで充実した投資環境を整えられますので、株アプリで株の売買をして、ＦＩＳＣＯで企業の分析という組み合わせが効果的です。

1億円稼いだスマホ投資家のSNSを参考にしよう

ここ数年の投資手法の変化で目立つのは、スマホの利用とSNSの活用です。

かつてはヤフーファイナンスの掲示板で情報収集する投資家も多かったのですが、今時のトレンドとしては、参考になる他の株式投資家をツイッターでフォローして銘柄の情報収集をする投資家が目立ちます。

「9時半頃から○○株が大きく動いた」「さっきの○社の業績発表は○○だった」といった情報は働いているサラリーマントレーダーがリアルタイムで追いかけるのは至難の業ですが、それを可能にするのがツイッターなどの利用です。誰かがリアルタイムで「実況中継」してくれていますし、しっかりと背景分析なども載せてくれています。

リアルタイムではなくても、自分で経済ニュースやIR情報などを隅々まで読むことなく、上級者がきちんと分析・要約して発信してくれていますので読まない手はありません。

とはいえ、こうした情報は玉石混交。発信元が怪しいSNSも多くあるので、実績のある発信者の情報だけを参考にしましょう。

115ページに、スマホとSNSの利用で1億円以上を稼いだ、私と同じサラリーマントレーダーのいってんがいさんが閲覧しているツイッターの一覧があります。実際に稼いでいる投資家が利用しているツイッターです。ぜひ参考にしてみてください。

四季報も購入不要！　企業の決算情報もスマホとアプリで楽々チェック！

株式投資の情報書と言えば、「会社四季報」ですが、株式投資ビギナー、あるいは不動産投資家やＦＸ投資家の方々からは「会社四季報とは何ですか？」とよく聞かれます。

この「会社四季報」は、東洋経済新報社が３カ月おき（３月、６月、９月、12月）に刊行しているもので、80年近く上場企業を定点観測してきたものです。

一言で言えば上場全会社の業績予想が掲載されているものです。その内容は徹底した取材のもと、企業や証券会社側に偏らない予想で銘柄研究に必須の本と言えるでしょう。

銘柄研究に使用するだけでなく、その予想結果をとらえて、株式投資を行う方法はシンプルでありそれほど難しいものではないので紹介します。

例えば会社四季報で、ある会社の業績予想で今期や来期の売上高や利益が2倍あるいは3倍とかになっていれば、理論的には株価も上昇してもおかしくありません。

ですから、もしもまだ株価が上昇していない、あるいは下落しているようであれば、その四季報を読んだタイミングで購入しても、将来、予想通りの業績を達成すれば株価が上昇している可能性がかなり高くなります。

重たい2000ページの本を持ち歩く必要なし！

そうした銘柄を探して投資するだけなのですが、これで儲けた投資家は無数にいます。

銘柄研究に必須で、シンプル投資にも使える会社四季報は1冊2060円かかり、CD−ROMに至っては7180円もの金額になりますが、その内容が実はスマホで気軽に無料で見ることができます。

それは、「ｉSPEED」と言われるもので、楽天証券が口座開設者向けに無料で提供しているアプリであり、ガラケー、iPhone、アンドロイドの全てに対応しています。ですから、iSPEEDを使えば、いつでもどこでも、スマホを使って会社四季報情報にアクセスできます。銘柄研究には必須なのに、なんせ2000ページもある重たく分厚い本なので読むのも持ち歩くのも苦労しましたが、スマホで見られるので電車の中や職場でも、あるいはベッドの中とかで見るのがたいへん楽になりました。iSPEEDは7ページや170~171ページの画像も参照してください。

http://ispeed.jp/smartphone/spec/

資産状況もアプリで楽々管理!

せっかくスマホ投資を始めたのなら、資産もアプリで楽々管理したいものです。

売買の利益や損失を管理できるスマホ株アプリでは、特別な設定をすることなく日々の資産の運用状況、保有株式、預かり金といったところが即時把握できます。

また、金融機関と証券会社間の入出金も瞬時に行うことができ大変便利です。

こういった投資家向けアプリはいくつも出ておりますが、私がおすすめの株式投資の特化した資産管理アプリを一つ紹介します。

それは、パソコンサイトでも多くのユーザーがお世話になっているヤフーファイナンスです。スマホ版ヤフーファイナンスでは、パソコンとほぼ同等の機能を利用できます。

ポートフォリオはもちろん、指で動かして株価の推移を表示できるチャートや経済評論家などのツイッターでのつぶやきなど、スマートフォン版独自の機能もありますのでこちらも必見のサイトになるでしょう。

10年分も見られるチャートでしっかりと研究したり、銘柄を探す豊富なコンテンツがあったり、さらにはポートフォリオで銘柄をしっかりチェックできたり、とにかくアプリならではの機能が充実しています。

資産管理アプリの目標額と達成率がモチベーションの維持に役立つ

そのような中、さらに、家計簿アプリ「マネーフォワード」と連携した資産管理機能が追加されました。銀行預金、株式、投資信託など、複数金融機関の保有資産情報を一元管理することで、前日比、評価損益、目標金額、達成率、時系列推移などがお手軽に金額とグラフで把握できるものです。

特にこの手のジャンルではなかなかお目にかかれない、資産運用の目標金額を設定すると現在の達成率などが表示されることから、「株で資産をつくる」という自分自身のモチベーションの維持にはもってこいの機能です。

http://info.finance.yahoo.co.jp/pr/finance_app

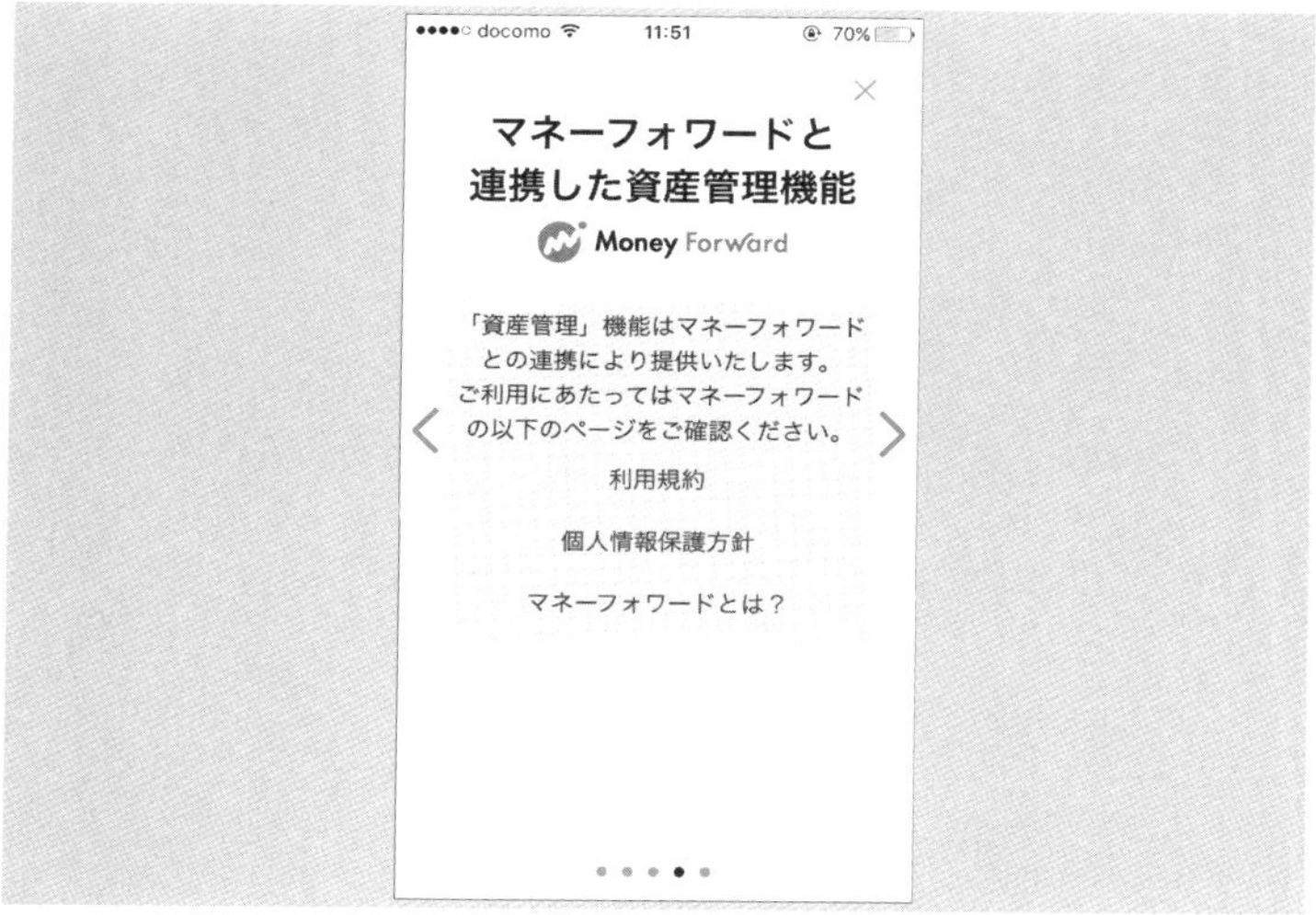

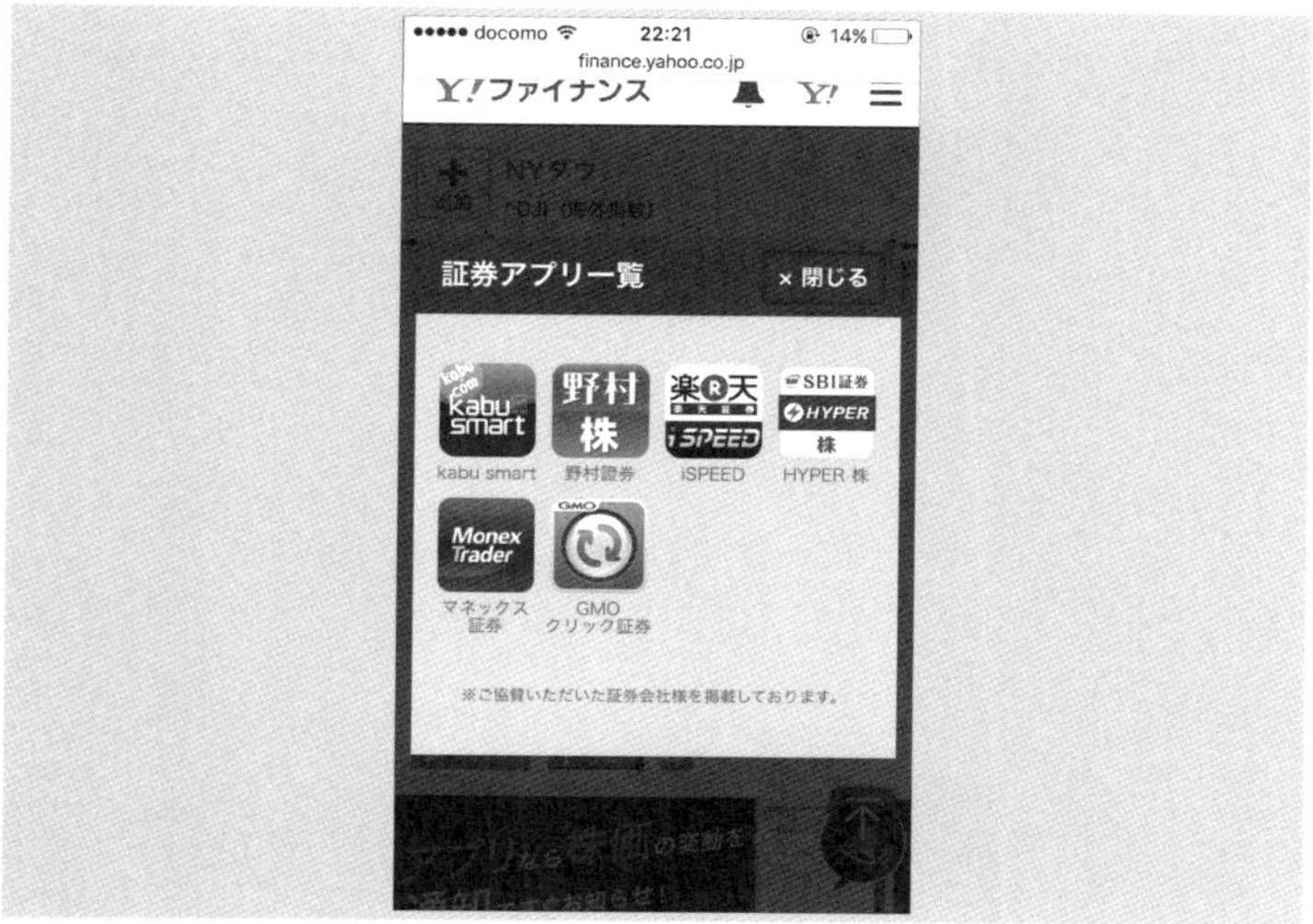

アプリなら資産状況の見える化が楽々（上）、口座の一元管理も（下）。

PART 2

実践編

自宅にいない人、常に画面を見ていられない人こそスマホトレードの出番。ここからはスマホによる発注方法、常に画面を見ていられない人のための、実際のトレードに必要なワザを教えます！

第5章 スマホ向け、勤務中向けの注文方法がある！

仕事中でも自動的に利益確定や損切りできる！

ここからは仕事をしながらトレードする人に最適な注文方法と照会方法について解説します。注文方法の基本ワザは3パターンあります。

売買タイミングや銘柄選定はご自身で勉強・判断していただくとして、常にパソコンの前に座っていられないサラリーマントレーダーなら、知っておいてほしい基本知識と応用ワザを紹介します。

注文方法①…基本は勤務前に発注して、すき間に約定を確認

当たり前ですが、覚えるべき基本中の基本が発注と約定の確認の方法です。

サラリーマントレーダーの理想は通勤電車の中など、勤務時間前に指値で買い注文もしくは売り注文を入れておくことです（発注方法は後述）。約定の確認をするだけでしたら、ものの5秒で確認できます。証券会社のアプリによっては約定結果がスマホのトップ画面に出ますのでチラ見で確認できます。

確認だけなら仕事中でも一瞬で可能。

会議中でも目標株価に達したことがわかる裏ワザ！

また、たいていのネット証券では、あらかじめ設定しておいた株価に達したり約定

したりすると、メールで教えてくれるアラーム機能があります。例えば会議中でスマホを見ることができなくても、メールが着信（バイブレーターにしておく）することで「お、この株価に達したな」とわかる仕組みもあります。

楽天証券などはＡｐｐｌｅ Ｗａｔｃｈなどスマートウォッチに株価を表示できる機能があります。各社もスマートウォッチの普及に合わせて機能強化を予定しているので、今後は大事な会議中や接客中でも腕時計をチラっと見るだけで株価がわかる時代になりそうです。

いずれにせよ、基本は銘柄選定を日頃からしておき自分が狙っている株価の発注を始業前にするだけです。アナタの職場の始業時間にもよりますが、前場の始まる9時ちょっと前のおよその寄付き価格のわかる板を見ながら発注するのが理想です。海外市場の値動きに影響を受け、前日の終値と大きく株価が動いている可能性もあるので、短期のトレードをしない投資家でも見ておきたいものです。

「えっ！　もう仕事をしているから無理…」と諦めないでください。

はい、早速1回目のトイレタイムにするか、自動販売機に朝のコーヒーでも買いに行きましょう。資料を探しに行くとか、コピーを取りに行くとかのついでででも構いません。慌ただしい午前の早い時間ほど、自然に机を離れるチャンスです。

昼休みの過ごし方で儲けが変わる!

昼食休憩はサラリーマントレーダーの貴重なトレード&情報収集時間です。

職場環境次第ですが、自席でもいいですが同僚や上司の目が気になるなら、さっさとその場を離れましょう。その後は外での食事場所等で12時30分から始まる後場の直前の板を見ながらの注文をして、後場寄り付きの動向を昼休みいっぱい確認する展開になります。

とにかく貴重な昼休みです。本当に株で儲けたいならノンビリとお茶をしているヒマはありません。ツイッターや掲示板、あるいは日頃からチェックしている株式投資関係のブログやホームページを一気に閲覧しましょう。

参考までに私が必ずチェックするのは次の4項目です。

トレーダーズウェブ（http://www.traders.co.jp/）にて相場動向確認

ヤフーファイナンス（http://stocks.finance.yahoo.co.jp/）で値上がり率等ランキング確認

ツイッターで自分（jackjack2010）がフォローしている約１００名のつぶやきチェック

新興市場最新情報確認（http://www.nji.jp/）

私の場合は、さらにここで証券会社との電話連絡をすることがあります。まさに昼休みは「時は金なり」という字のごとく、「儲けるための時間」と割り切って過ごしています。こうして60分弱の昼休みは、あっという間に終了してしまいます。

いずれにしろ、同僚、あるいは上司や部下からはいつもスマホを持って、じっくりと画面を凝視して、時には激しくスマホを打ち込んでいることからゲーマーだと単純に思われているかもしれません。ただ、最近は若い人を中心にスマホ中毒が増えているので、それほど浮いている感じはありません。

その後、仕事を終えた後には、帰路の途中や帰宅後に、再度株価のチェックをして、翌朝に売買注文をするという流れに戻ります。

注文方法②…仕事中のマーケットの変動も怖くない注文方法3パターン

では、次に常にパソコンの前に張り付いていられないサラリーマン向けの注文方法について説明します。

指値注文

王道は指値注文になります。株の基本知識なのでご存じの方も多いでしょうが、指値注文とは指定した株価ではないと買いや売りの注文が成立しない方法です。時価で売買を成立してもらう成行注文にありがちな、「思わぬ高値で購入した」「思わぬ安値で売却してしまった」ということはありません。

各社共通で、注文画面の注文方法で「指値」を指定し、自分の買いたい、または売りたい株価を入力するだけです。スマホでも数秒で入力が終了します。

逆指値注文

次は逆指値注文になります。

こちらは少し欲張った注文で、指値注文より少しだけ複雑になりますが、サラリーマントレーダーには必須の注文方法なので、ぜひ覚えてください。

通常の指値注文とは逆の発想で、自分の狙ったあたりが欲張っているのかというと、通常の指値注文とは逆の発想で、自分の狙った株価が高くなったら買い、安くなったら売りという注文方法になります。

通常は、少しわかりにくいと思いますので、3パターンに分けて図解で解説します。

パターン1　上昇トレンドを逃さない！

本来であれば、少しでも安く買うというスタンスで「○円まで下がったら買い」という下値での指値注文が多いと思います。しかし、アベノミクス相場を含め、株価が上昇トレンド入りした時には、さらなる上値をつけることがあることから、「この価格以上になっ

グングン上がる株のトレンドに乗れる！

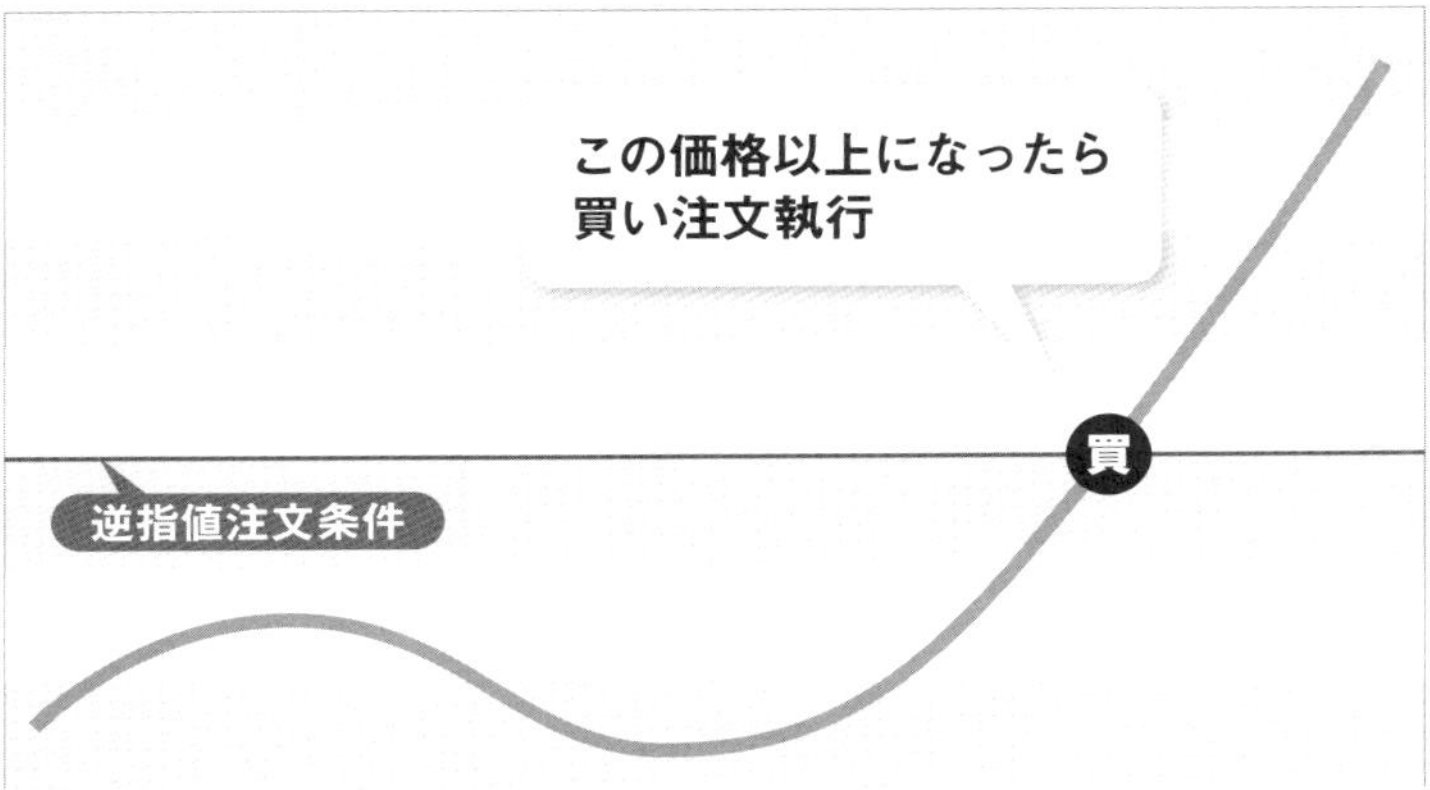

例えば株価は高値を更新したりすると、そこから急激に上昇するケースが多い。そうした上昇トレンドに乗れる注文方法。

たら買い」という注文が有効になります。

これが逆指値注文の基本です。

つまり、IPO銘柄みたいにあっという間に株価が上昇するケースなどにはチャンスを逃さず投資ができる発注方法になります。

勤務中にリアルタイムで株価を追えないサラリーマントレーダーでも、上昇トレンド入りした瞬間に買うことができます。

パターン2　ロスカットに威力！

逆指値注文はロスカット時にも威力を発揮します。

損切りも一定ルールで機械的にやってくれる！

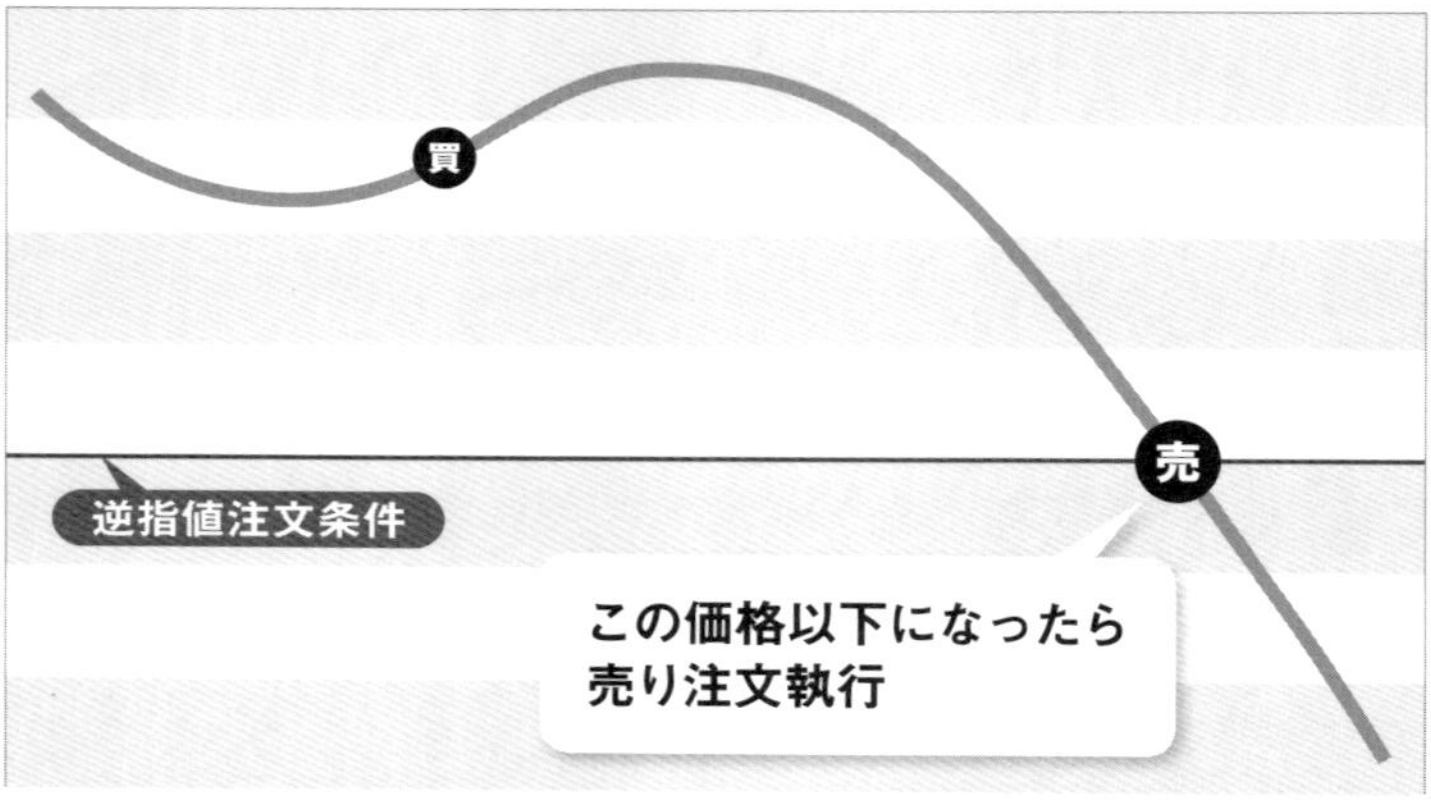

心理的に抵抗のある損切りも自動で可能。仕事中の相場急落や材料で上昇していたテーマ株が急落を開始した時などにも対応。

人間心理としてロスカットというものはやりにくいものです。そのため購入価格より10％下がったらロスカットするといっても、日々変動している株価であり、サラリーマンとして、忙しくしているうちに気が付いたら大幅に値下がりをして、売るに売れずに塩漬けになってしまったというようなことがあると思います。

そこで、逆指値注文では「〇円以下になったら売り」というような注文をします。

新興株や材料株などに多いパターンですが、1000円で買った株が思惑が外れて、900円へ、800円へと急激に下げ出す

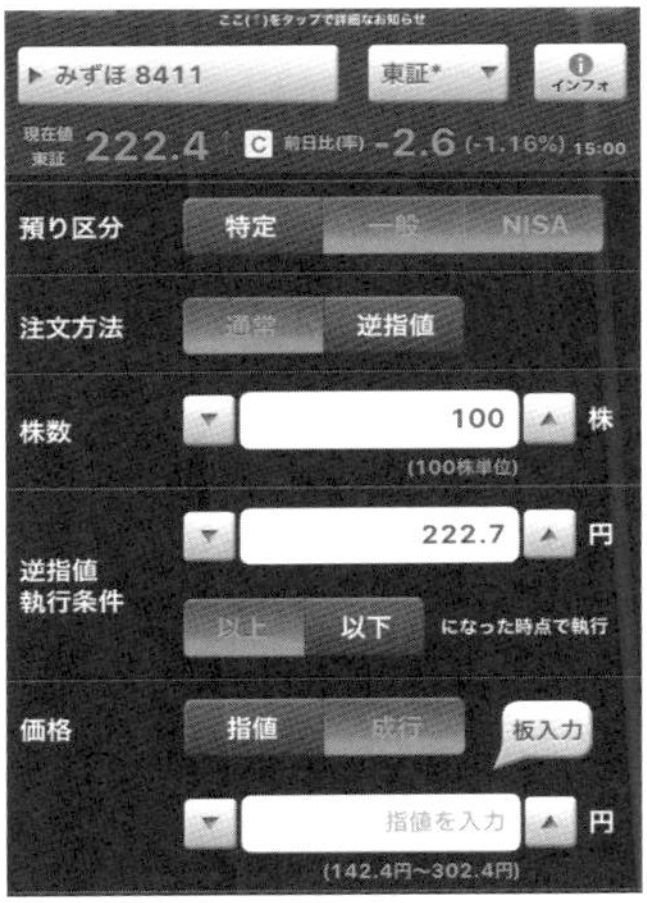

逆指値の操作もカンタン。

ことはよくあります。こんな時、「９００円まで下げたら売り」と逆指値を入れておくのです。そうすれば傷は浅くて済みます。「仕事が終わって持ち株の株価を確認したら朝は５００円だった株がストップ安の４００円まで下げていた」なんて、よくある失敗を防いでくれるのです。

単なる指値注文ではこのような注文はできません。通常の指値は「○円に到達したら売り」という、言わば利益確定の売りです。

つまり逆指値の売り注文とは、損失を自分自身でコントロールするには必須の発注方法と言えると思います。

私自身も日々の会議漬け、あるいは長期の旅行などで株価がまったく見られない時には必ず、この逆指値注文を入れております。

「まだ上がるかも…」という心残りを断つ！

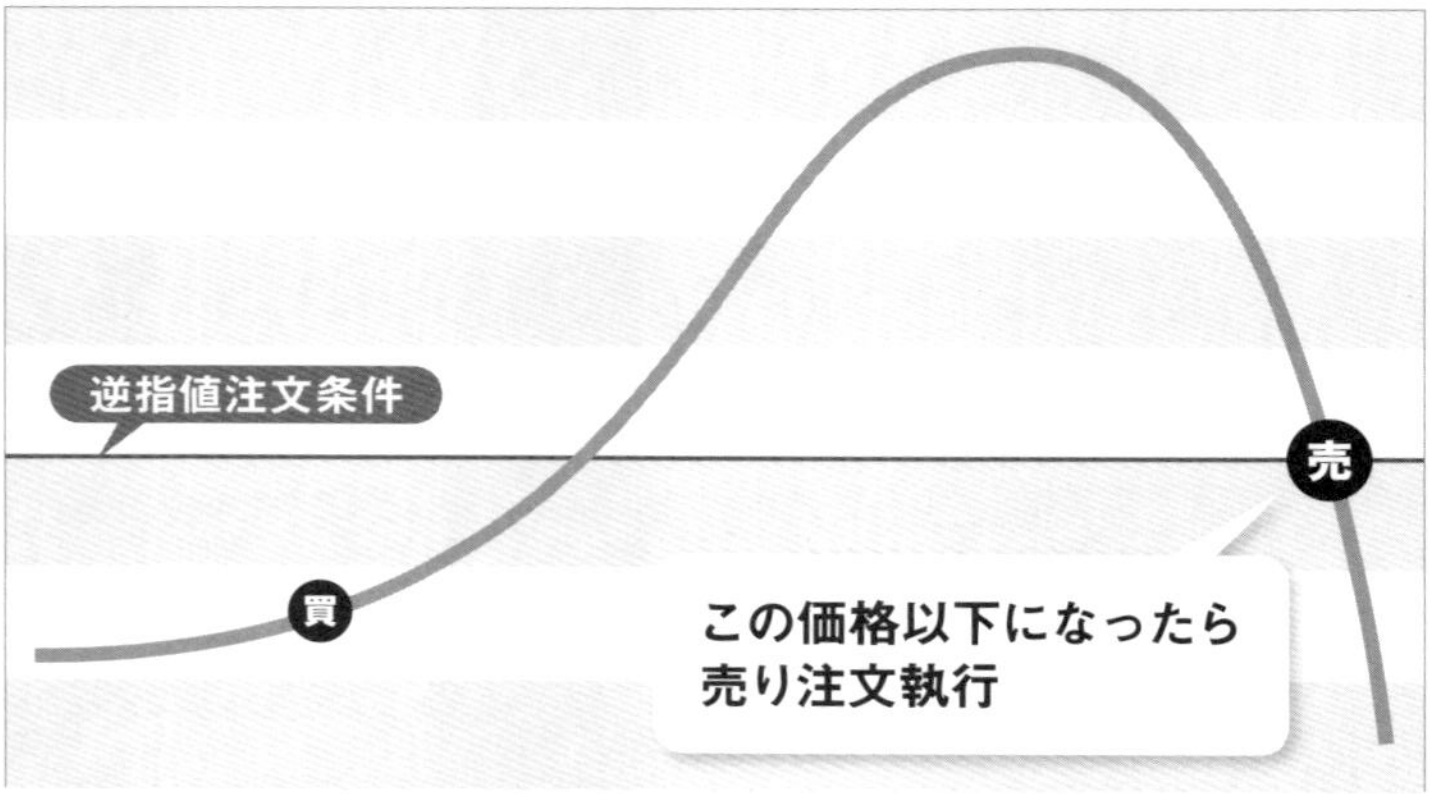

トレンドが急転換することもよくあること。この注文方法なら上昇トレントに乗りつつ、急な株価下落にも対応できる。

パターン3　買いより難しい利益確定の売り

最後は、利益の確定売りの場合の逆指値注文になります。

株価が自分の買値より上昇している場合において、理想的な高値で売却ができればいいのですが、結局は急落してしまい利益確定できなかった場合の対策になります。

具体的にはパターン2と同じで、「この株価以下になったら売り」という注文です。

ですが、パターン2が「損切り」なのに対して、こちらは「利益確定」。

気分としては「まだまだ上昇すると信じたいが、ある程度の株価まで落ちてきたら不安。これ以上株価が下がったら利益も少なくなるので確実に利益確定をしておきたい」といったところでしょうか。

利益確定は投資の重要課題なので必ず知っておきたい発注方法です。

「あの高値で売っておけば…」という失敗を防ぐ逆指値の更新術

応用編ですが、株価が上昇トレンドにある時は、毎日、逆指値の価格を上げて（変更して）注文しておくのも手です。例えば株価が1000円の時は950円に、1100円になったら1050円に、1200円になったら1150円に…といった具合です。

上昇トレンドには乗れる上に、下落トレンドへの転換に対応できます。よくある「あの高値ゾーンで売っておけばよかった…」という後悔を防げます。この方法なら上昇トレンドが終了して下げ始めたとしても、最高値は無理としても、ある程度の高い株価で利益確定できるのです。

仕事中に株価が乱高下しても対応可能！

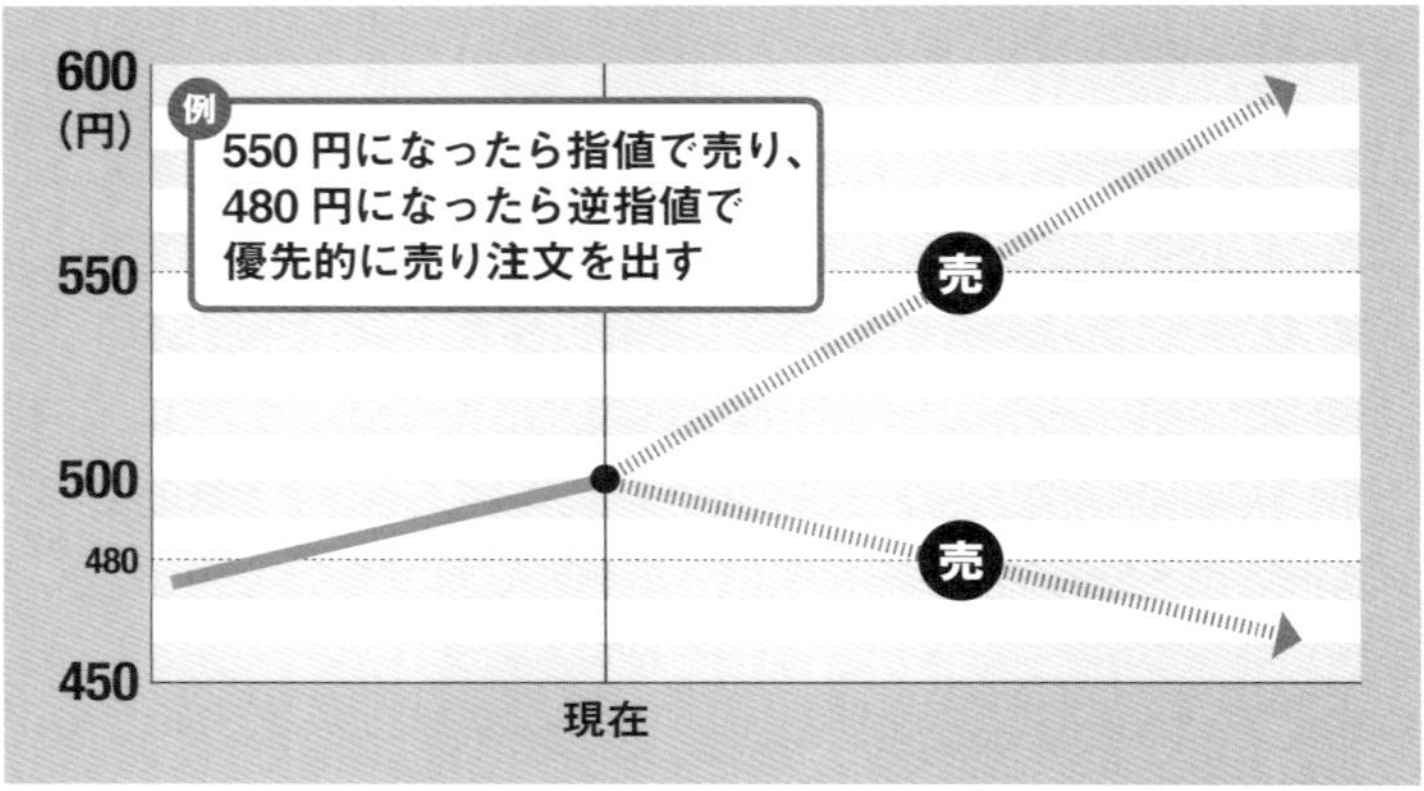

上昇したら利益確定、下落したら損切りという注文方法。特に値動きの激しい銘柄、短期売買目的の銘柄に向く。

以上のように、この逆指値注文は指値注文では対応できない発注方法です。サラリーマン必須の発注方法ですから、是非とも積極的に使用して頂きたいところです。

パターン4　W逆指値注文…利益確定と損切りのセット！

最後はさらに欲張った申し分のないW逆指値注文になります。

こちらは、通常指値と逆指値を同時に注文できる特殊注文になります（一部のネット証券では使えません）。

このように上昇の利益確定売りを試みながら、下がれば薄利の利益確定あるいはロスカットの逆指値注文ができる優れものになります。

W指値なら株価がどう上げ下げしようが、乱高下しようが、上と下の両方の指値が利いておりますので、どっちに転ぼうが約定できる可能性が高くなります。ですから発注さえすれば後はほったらかしでOKです。まさにサラリーマン向けです。

注文方法③…日曜の夜に注文しておけば1週間OKな注文方法

前述の指値注文ですが、毎日毎日発注するのも面倒ですが、朝忙しい場合や、多数の銘柄を注文する場合、あるいは残業や飲み会等で深夜帰りになってしまうとうっかり忘れてしまうこともあると思います。

私自身も日々の指値注文をうっかり忘れてしまい、貴重な機会損失をして地団駄を踏んだこともありました。

ですから、発注時においては、狙いを付けた自分の指値をする時には有効期限を「当日」を選択するのではなく「週末」を設定しておくといいでしょう。

証券会社によっては、1週間ではなく1カ月先まで設定できる証券会社も複数あります。単純に有効期限が長ければいいというわけではありませんが、アナタの戦略に沿って使い分けましょう。

また、この有効期限はいつでも、いくらでも変更可能です。思惑以上に株価が動いた場合は、柔軟に指値を変更するのはもちろん、有効期限も変更しましょう。

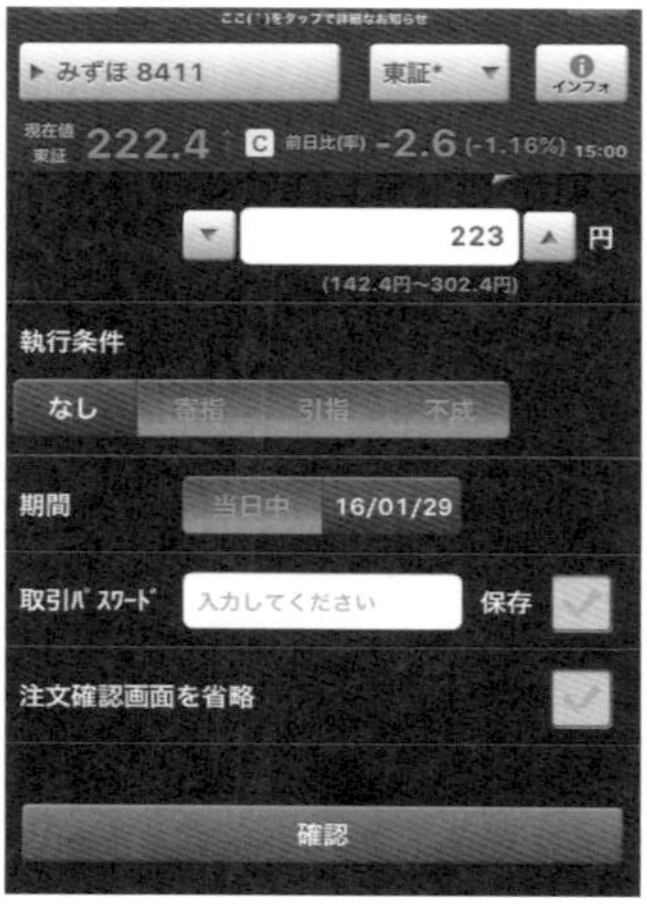

途中で変更してもいいので、週末に翌週の戦略を立てよう。

第6章 JACK流シーン別のトレード体験談と裏ワザ

新聞も読めない職場でトレードしてきた裏ワザを初披露！

ここでは少々趣向を変えて、厳格な職場で働く私がどうやって周囲の目をかいくぐってトレードをやってきたのか、あるいは満員の通勤電車の中でトレードしてきたのか、初公開いたします。

その体験を基にオススメの○○トレード、つまりシーン別の「振る舞い方」「過ごし方」を解説いたします。

つり革トレード（通勤中）

株式市場の特性でトレードは9時〜15時という時間帯になります。電車内のトレードはサラリーマンの宿命であり、有効技になりますからポイントを列挙したいと思います。

理想は着席してゆったり過ごすことですが、そもそも満員電車で新聞さえ満足に広げられないというサラリーマンのほうが多いと思います。

満員電車での最大の注意事項はスマホを「落とさないこと」です。私の場合、可能な限り両手で、無理な場合は片手で発車から次の駅の中間点までの使用に控えています。どうしても停車時の乗り降り、停車時の減速時には他の客の移動の影響を受けやすくなることから、落とす、あるいは誤操作の可能性が高くなるからです。そういう意味では、時間に余裕を持って電車に乗ることも、株で稼ぐためには大事なことと思えてきます。

以上のことから、満員ラッシュ時においては発注操作はせず、株価のチェックや投資サイトの閲覧、あるいはツイッターやフェイスブックの閲覧に留めることを推奨します。

60分の発注と銘柄研究時間のために15分を投資するのも手!

単純でポピュラーな手口ですが始発駅まで戻って座るのもアリです。

「面倒だし時間のムダ」と切り捨てないでください。費やす時間の4倍以上のリターンがあれば価値はあると思っております。例えば始発駅まで10分戻って、そこから5分待っても、60分座れるとなればやる価値はあります。その時間をじっくり発注や銘柄研究に充てられるので、金銭的なリターンも勘案すれば15分の投資は決してムダではありません。

トイレトレード（勤務中）

やはりサラリーマン投資家の腕の見せどころになるのがこのトイレトレードです。

仕事中のトイレもたまのことなら誰も気にしないでしょう。しかしサラリーマントレーダーともなれば、連日、頻繁に「トイレに行く」こともありえます。

おすすめしたいのが、普段からお腹がゆるいことを周囲に何気なくアピールをしておくことです。中高年なら何か胃腸系の病気を装っておくものアリです。「高血圧の治療薬として利尿剤を服用しているからトイレが近い」と言い訳している投資家もいました。

そして、日頃からある程度、決まった時間のトイレ休憩を心掛けます。トイレでの作業は、基本的には事前に指値注文をしておけば、その約定確認だけなので1分もかかりません。場合によってはトイレまでの移動の間にチェックが終わります。

もちろん貴重なトイレタイムをそれだけで終えるのはもったいないです。その注文が執行されていないなら、その銘柄の値動きを監視して、注文の訂正や取消を行います。

ツイッターを読んで盛り上がっている銘柄もチェック！

次に追加作業として一気に未読であった、ここ1〜2時間のツイッターのフォロアーを流れ読みして、盛り上がっている銘柄を監視銘柄として追加いたします。値上がり率ランキングなどを見てもいいのですが、ツイッターを見る方が、盛り上がり度合や理由、見通しなどがすぐに理解できます。

ちなみに私の場合ですが、この時点では、ストップ高に張り付いているなど、特に「強い」銘柄でなければ発注はいたしません。後の昼休みの楽しみに取っておく感じになります。

さらに、IPOの上場日であり、初値が付いている状況であればストップ高期待で逆指値注文を入れたり、PO（公募増資）の受け渡し日で低い始値から反発していれば、買い注文を入れたり、その日のイベント投資銘柄をチェックして、妙味有りと判断できれば注文を入れます。こうした行動は午後のトイレ休憩も同じパターンですが、監視銘柄が多い場合あるいは株価を左右するイベントがある日であれば、値動きの確認含めトイレの回数は午前2回、午後2回と増えていきます。だからこそ「トイレが近い体質」というイメージを形成しておくことが重要となります。

引き出しトレード（何かの作業中）

トイレトレードで対応できない最後の手段がこの引き出しトレードです。どうしても値動きが気になる、もしくはIPOの初値後のすぐの発注が必要である場合でかつ逆指値注

文の設定ができないような時になると思います。

もちろん、職場にバレれば、それなりの処分がかかる可能性があることから、禁断というかやらなくていいのであれば、なるべくやらない方が得策であることは言うまでもありません。実行する場合は投資同様に全て自己責任でご判断ください。

職場にバレないようにする場合の王道は、机の引き出しにスマホを入れる方法です。株価画面やら板の状況を表示させたままにして、5分とか10分に1回、緊急時において2〜3分間隔で机の引き出しの開け閉めをして画面を確認します。スマホを袖の下に入れてチラチラ見る人もいるようですが、動きが不自然になるし、スマホを落下させるリスクが高いので上級者向けです。

相場次第では即座にトイレに向かう構図となります。もちろん、一瞬で判断して引き出しの中にあっても2度のタップぐらいで注文の操作もできますが、やはりここはじっくりと落ち着いてトイレでの発注の方が手堅いところです。

ちなみに私の友人の引き出しトレードは前ページのイラストのようなイメージです。月に数回はこのようなスタンスになるとのことです。日頃から同じスタンスを取ることにより、疑いの視線を妨げる布石を置いておくのが大事だと言います。

夕焼けトレード（帰宅途中）

帰宅時間の利用方法です。こちらはつり革トレードと同様になりますが、朝方と違って、とりあえず、場が終了していること、自宅に帰ってからじっくりと発注できることから、かなりの余裕があります。電車も朝ほど混雑しないので、考える余裕もあります。

ただ、取引が終わる15時以降に続々と上場企業の重要情報が開示される東証の「適時開示情報閲覧サービス」http://www.jpx.co.jp/listing/disclosure/を利用して、株主優待の新設や好決算のリリースという好材料の買い、あるいは損失計上等の悪材料の売りといった瞬時に売買をしたいケースにおいては、SBI証券にて夜間取引での対応をします。

その場合においては、夜の19時からの場が始まる前までに発注する必要性があることから、時には18時50分から19時の間においては、目的の降車駅でなくても電車から降りて、ベンチ等で座ってじっくりと発注することもあります。ですから、不慣れな場合は、可能なら電車からいったん降りることをおすすめします。

残業・飲み会で帰宅が遅い人ほど電車内を有効に使おう!

私もそうですが、サラリーマンという職業柄、残業や飲み会があり、帰宅後の自宅での自由時間が少ない人もいるかと思います。そういう人こそ徹底的にスマホを活用しましょう。私の場合、電車内での情報収集、注文は当然ですが、飲み会を抜け出しトイレで発注を行うこともあります。「飲み会の最中までも?」と言われそうですが、飲み会こそトイレに行くのは何の不自然さもありません。

ランチトレード（食事中）

こちらも32ページにも行動パターンを書いておりますが、サラリーマントレーダーは、「昼休みを制する者が株式投資を制する」と言えるくらい貴重な時間になります。

株価の約定チェック、12時30分までの後場開始までの発注、ツイッターやブログの閲覧をしていると、食べながらになりますからあっという間に時間が過ぎていきます。

ですから、食事は食べたいものよりも片手で食べやすいものか、短時間で食べられるものを選ぶのが習慣になってしまいました。「儲けたら、ゆっくりと美味しいものを食べに行こう」と思えば苦にならないし、儲かり出すと昼食なんてどうでもよくなるものです。

上級者はＩＰＯやＰＯの申し込みの電話をしまくる

参考までに私の12時30分以降について話をします。12時30分以降はスマホが電話に切り替わり、主に主戦場は店頭証券となります。そこで買えれば株価が上がる可能性が高いＩＰＯ（新規公開株）やＰＯ（公募増資）の申し込みを時間のある限り行います。

これは上級者向けのスマホを使わないワザなのですが、ＩＰＯやＰＯの配分については、ネット証券よりも店頭証券や地場証券に申し込む方が、競争率が低く当選確率は上がります。もちろん確率を上げるために複数の証券会社への応募は必須で、何社にも申し込みの電話をかけまくります（これらのワザの詳細は拙著『元手50万円から始める！月５万円をコツコツ稼ぐぐらくぐらく株式投資術』をご覧ください。なお、ＰＯは２０１１年12月１日よりＰＯに関連する空売り規制が施行されていますので留意ください）。

ちなみに１社に対し、通話時間は２分弱を心掛けますが、それなりの数の証券会社に電話をすることから、おおむね10社ぐらいで昼休みが終了してしまいます。

もちろん、ＩＰＯやＰＯの申し込みのない日、あるいは、至急のコールバック等が証券会社からない場合においては、昼休み終了まで、様々なサイトの閲覧や監視銘柄の値動き等をチェックします。

ここまでいろいろと披露しましたが、日頃から真面目な勤務態度を貫くこと、クレーム処理など他人が嫌がることを積極的に買って出ることなどが肝要です。そうすれば、多少トイレが長くても、席を外すことが多くなっても許されるものです。

目の健康管理も忘れずに（写真はイメージです）。

さらに余談になりますが、これだけの時間というか日頃から目を酷使していることから、眼精疲労対策も重要です。私の場合ヒアロンサン、マイピリン、コバラムといった目薬３種が必須となっております。

第7章 電車内でも社内でも確認できるチャートと板情報の見方も覚えよう！

拡大縮小も自由自在、スマホでチャートの見方

ガラケー投資からスマホ投資へ移行した際に、最も進化を感じたのがチャートの機能、見やすさです。

ガラケーと比較すればものすごく鮮明で、必要に応じてピンチアウトあるいはピンチインをすることにより、パソコン画面と比べても遜色なく使えます。スマホさえあれば、通勤時間や待ち時間など「いつ・どこででも」本格的な銘柄研究が可能になりました。

なお、チャートといっても、様々なものがあり、足表示においては分足に対応できる証

券会社のアプリが数社しかありませんが、サラリーマンという性格上、それほど分足にこだわらずに日足ベースで十分に用が足りるのではないかと思っています。

通勤時、勤務中はチャートのここを見る！

もちろんチャートの分析手法も手慣れた方は自己流を貫いて問題ありません。私自身は買い時であれば、移動平均線のゴールデンクロス、あるいは移動平均線の抵抗線からの反発局面、ＲＳＩの数値が下がってからの反発ポイントに注目しています。

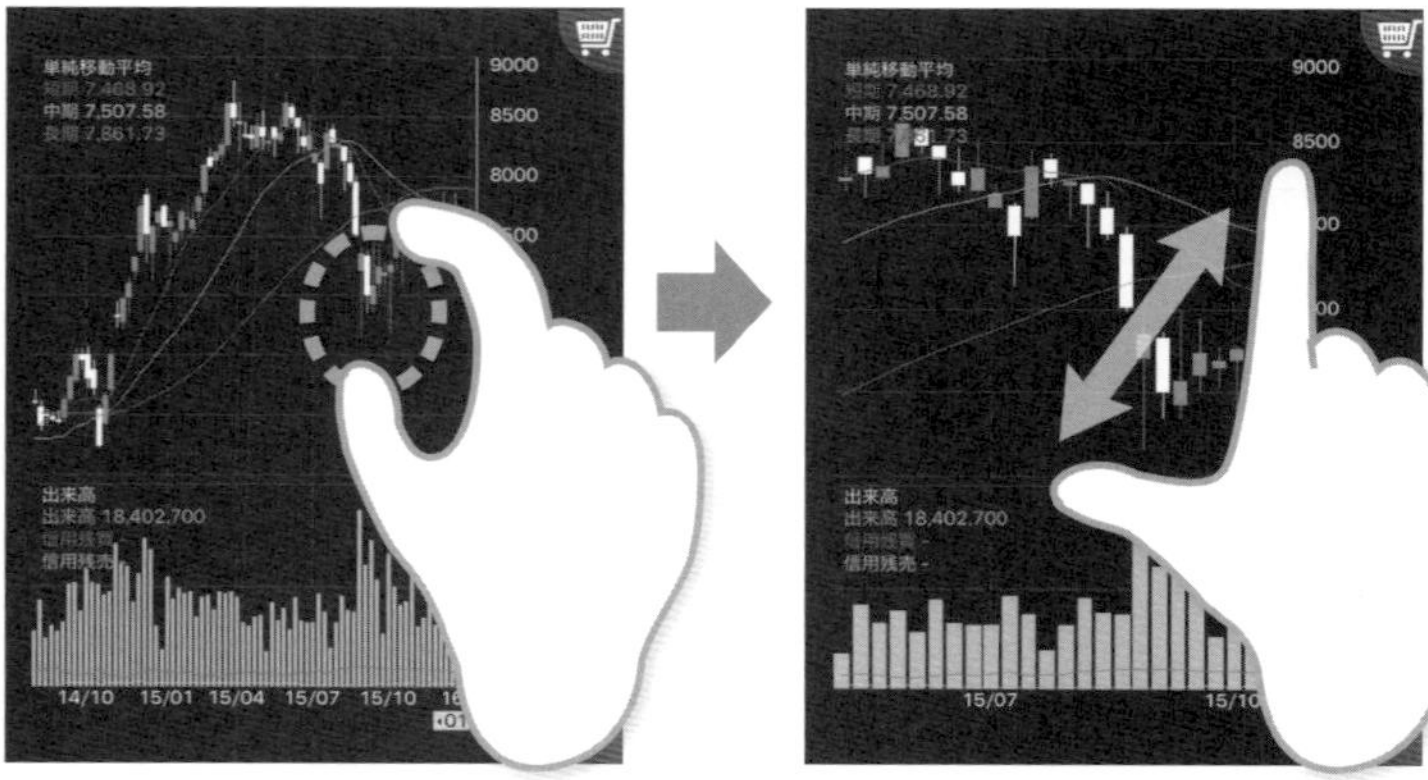

スマホのチャート画面（右）、スマホのピンチアウト画面（左）。

チャート分析そのものに興味がある方は、専門書を参考に勉強していただきたいのですが、ここでは私が特に注目していて、短時間でも、かつスマホの画面でも十分にチャート分析が可能なＲＳＩについて簡単に触れます。

ＲＳＩは０~１００の間で動きます。50が中立の状態で、数字が小さいと売られすぎ、大きいと買われすぎの状態を表します。

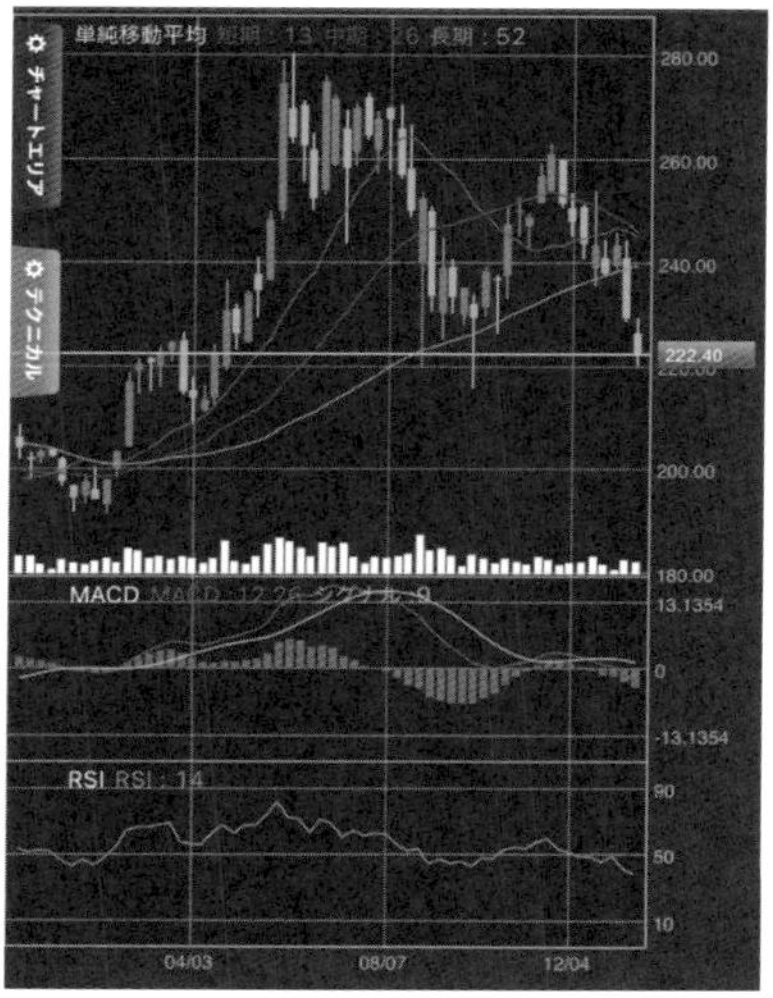

RSI分析中のチャート画面。

また、ＲＳＩ（９）とかＲＳＩ（14）などの数字は計算期間が直近の９日なのか14日なのかを表しています。ですから、ＲＳＩ（９）が20の銘柄と、ＲＳＩ（14）が20の銘柄なら、ＲＳＩ（14）の方が長期間下げ続けていることになります。

とくにＲＳＩの数値が20以下はさすがに売られすぎでありますから、日頃から監視している銘柄でそのような数値を場中に見ると、そのまま成行買いを入れることが多く、下がれば昼休みにナンピンする手法が私は多いです。

なお、その後は株価を監視できないサラリーマントレーダーの宿命がありますから、必ず、逆指値のロスカットを入れておくことにより、本業に支障をきたすことなく、さらなる急落に安心?して対応できます。

とは言っても気軽にトイレや移動中でも注文の約定は画面で気軽に安易に確認できますので、「あっ! ロスにひっかかったか…」と軽いショックを受けることはあります。

しかし、ここで投資を諦めず、「しっかりロスカットできるようになった。俺も腕が上がったな」と前向きになれる気持ちがサラリーマントレーダーには大事でしょう。

板情報をチラ見して、1日1万円を稼ぐ!

スマホでは板情報もパソコン同様に見ることが可能になりました。私の板情報利用法について解説します。

まず、私の一番の大好物の板情報は左のようになります。

こちらはよくあるストップ高に株価が張り付いた場合です。ストップ高銘柄を探すコツは通勤前の好材料であったり、昨夜の夜間市場でストップ高であったり、あるいはたまたま自分の保有やら監視銘柄がストップ高になったパターンです。

この板の状況を見てから発注する手法もありますが、このタイミングでそもそも売りが100株しかないのに買うことができるのかという最大の問題があります。

もちろん、買えればいいのですが、このようにストップ高で張り付いた銘柄については、配分に当たり、時間優先あるいは株数優先というようなルールがあってなかなかそのあたりを熟知していないと約定は難

板情報（ストップ高の例）

売り	株価	買い
100	300	2000
	299	200
	298	100
	297	300
	296	400
	295	200

このようなストップ高になる手前で逆指値の買いを入れる！

しいのが実情です。

そのような中、一番の理想は、このストップ高の手前に逆指値注文の買いを入れておくというパターンです。

つまりこの板の場合においては「290円以上になったら買い」という注文です。

繰り返しになりますが、株価における前夜から早朝にかけての好材料のニュース、あるいは夜間取引で既にストップ高を付けている銘柄に、寄り付き朝9時ギリギリ前に、注文を入れておくのみです（少しでも寄付き時間間際の方が板の信頼性が増すためです）。

後場に関しては、昼休みを利用して、出来高やツイッターでも盛り上がっている銘柄を探して同じように発注というものもありかなと思っております。

基本的には約定すると、何せストップ高手前の発注でありますから、買いが買いを呼びその後はストップ高を付ける可能性が高くなります。

もちろん、全戦全勝でありませんし一度ストップ高を付けてからの下落もありますので、必ず約定後、その買値に下がってきたら、成行きで売りというロスカットのヘッジを入れておくことが必須です。絶対に忘れないでください。

ストップ高銘柄を買って夜間市場を利用して小遣い稼ぎ！

狙い通りストップ高を付けたとしましょう。こういう強い銘柄は当日の夜間市場では堅調な値動き（値上がり）が予想されますので、そこで売却します。

ですから、この板情報によるトレードは夜間市場が唯一、売買できるSBI証券で買うことが必須です。

欲を言えば複数単元株（この場合で言えば100株ではなく200株）を買って、半分（100株）は夜間市場で売り、残りは翌朝まで持ち越してから売るのが私の理想です。

逆に夜間市場の株価がその基準額となるストップ高より下がれば、迷わずロスカットをするのが鉄則です（夜間市場を利用したスマホ投資術は130ページでも解説）。

いずれにしろ、なかなか事前に発注できない時においては、自分の監視やら保有銘柄あるいは盛り上がっている銘柄の板をチラッと見て、ストップ高を窺うような勢いを感じる

（下値に厚い株数があるとか上値の板が薄いなど）時には、その場でさっさとストップ高手前に買い注文を入れてしまいましょう。

PART 3

秘技伝授編

個人投資家の間でもスマホを利用して大儲けしたスター投資家が次々と出現している。

ここでは仕事をしつつも、スマホを活用して急激に資産を増やした3人の個人投資家とＪＡＣＫ流のスマホ投資術の秘技を披露する！

第8章 すご腕スマホトレーダーのノウハウを初公開！

すご腕
スマホ投資家
01

通勤時間と昼休みで1億稼いだスター
いってんがいさん（40代）
4年で720万円を1億5000万円に！

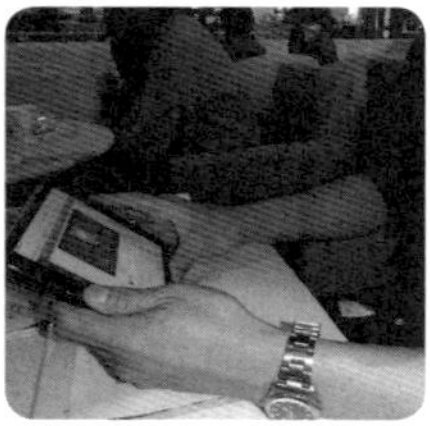

厳格な職場で働く現役サラリーマン。株を始めてから割安株投資では負け知らず。タブレット端末も併用。

4年で1億円稼いだサラリーマン投資家界のニュースター誕生！

関西在住のいってんがいさんも厳格な職場で働く普通のサラリーマンなのに、たったの

4年で1億円をつくった新鋭の勝ち組投資家としてマネー誌でも話題になりました。

「株で1億円稼いだことで経済的な余裕ができましたね。ただ、周囲と投資の話題になっても金額が違うなど話が合わないので最近はしませんね（笑）」と語る、まさにサラリーマンなら誰もが夢見るような立場になったサラリーマン投資家界のニュースターです。

実際にお会いしてお話を伺うと、とにかく私と行動パターンが同じでした。

職場はかなり厳格で、私用でスマホ使用なんてとんでもないという雰囲気。だから通勤時間で情報収集して指値注文を出す。昼休みはとにかく株式投資に集中。基本は5～10分で食事を終え、前場の値動きを見て、利益確定及びロスカットの設定値を変更します。

またツイッター等での情報収集と、とにかくあっという間に1時間の昼休みが経過するとのことで、まるで鏡の自分を見ているようでした。

いってんがいさんの場合は2年前からスマホを利用。今はスマホから進化して、チャートの見やすさを優先してタブレットを利用しているのも印象的です。当然のことながら、スマホのアプリでもパソコンのアプリでも両方使えるのも利点でしょうか。

いってんがいさんの使っている証券会社は136ページで紹介しているSBI証券で、スマホ専用の「HYPER SBI」になります。

HYPER SBIは板情報画面でドラッグ&ドロップの操作をするだけで注文発注や注文訂正、取消が可能で、数秒を争うアクティブトレーダーのために開発された最上位の発注機能を備えています。

また、HYPER SBIでのドラッグ&ドロップの注文方法は、ネット証券で初めて導入された機能で、投資初心者の方でも操作しやすい注文機能をはじめ、取引には欠かせない様々な投資情報の機能を提供しています。

さらに、投資情報の他にも、株価や市況を教えてくれるアラート機能など、取引をサポートしてくれる機能が盛り沢山のもので、私自身もパソコンにはインストールしており、

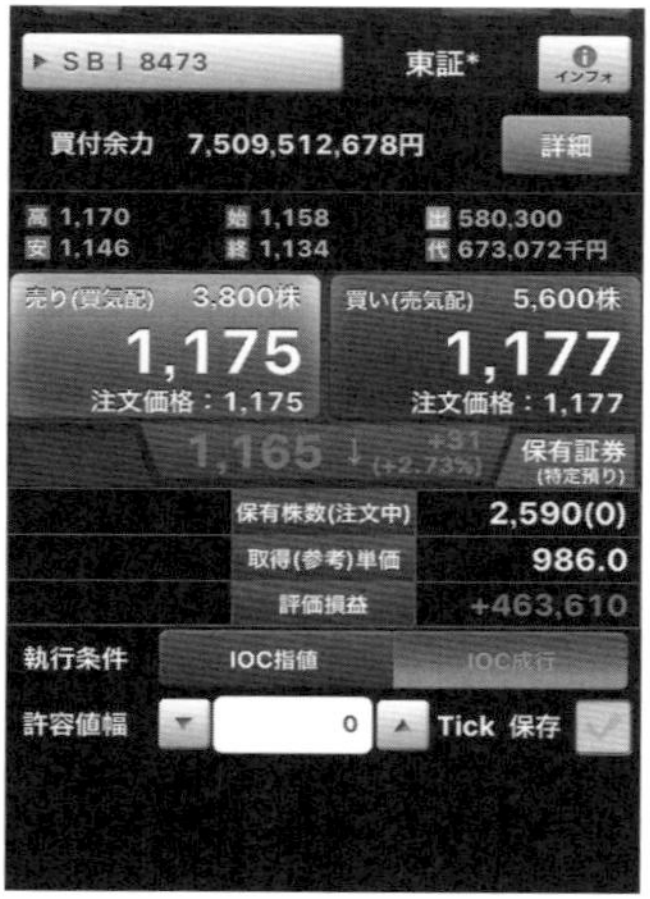

いってんがいさん愛用のSBI証券。

平日の休暇時の自宅専業モードの時にはよく使わせてもらっております。

いってんがいさんが、実際に会社四季報で銘柄を発掘したり、97ページで紹介した東証適時開示情報閲覧サービスをタブレットで確認したりしているのは主に割安度と成長力ですが、重視するのは「東証1部に昇格する可能性が濃厚な株」の「株主優待を新設しそうな株か」ということ。これらを先回り買いして、「東証1部へ昇格」「優待新設」といったニュースが出て株価水準を上げたところで売り抜けるのが得意な戦法です。

まとめると、「東証1部以外の株をPER12倍以下で狙う」とか「高い下落率の低位株を何日かに分けて買う」さらには「投資家が注目するイベント性（株主優待等）があるかどうか」といった観点で銘柄選別しているとのことです。

どうやら職場環境からデイトレードのようなトレードはできませんが、通勤時間や昼休みにスマホとタブレットを利用して銘柄研究を徹底して行い、事前に仕込んでおく。そして狙った通り「1部昇格」や「優待新設」といったニュースが出たら、すかさず利食いの注文を出す、という戦法で実にサラリーマン向きに思えました。

カギとなる情報収集ですが、今時のトレンドかもしれませんが、参考になる他の株式投資家のブログやツイッターでフォローして銘柄の情報収集をしているとのことです（左のページがフォローしているツイッター）。

当然のことながら、つぶやく時間は不定期でありますから、大きく通勤時と昼休み、余裕があれば夜に自宅でチェックという形でした。

そして、ここで前述した自分の考え方と一致した銘柄については、過熱感が出てなければ全力で買っているとのことです。

勝ち組投資家の情報源は誰でも見ることができるものなので、我々も参考にしたいものです。

初公開！ スマホの勝ち組投資家の情報源
いってんがいさんがツイッターでフォローしている方一覧

jack	@jackjack2010
紅の鹿	@cervo_rosso
57Avenue	@57Avenue1
扇	@fafafaaan
スピングル	@inside_netbiz
SPSP	@spsp0412
うえかぶ	@uekabu
早見雄二郎（株式評論家）	@hayamiy
弐億貯男	@2okutameo
penta0317	@daotian0317
海	@coco_kabu
しゃかりき	@shakariki_kabu
たかちゃん＠優待バリュー投資	@takachan9999
まつのすけ	@matsunosuke_jp
決算説明会	@gantky1
フランスぱん君	@asunan0505
rika	@jijiinojii
株式情報のキッチンカブーのおじさん。	@seigo77
藤本　誠之	@soubafukunokami
terapon296	@terapon296
DAIBOUCHOU	@DAIBOUCHO
小泉秀希	@koizumi_hideki
inagosec	@inago_sec
白米	@hakumai101010
みきまるファンド	@mikimarufund
nonnon159	@nonnon159951
まろぴこ	@alpl_maropiko

敬称略

すご腕
スマホ投資家
02

営業中もスマホ片手にデイトレード
マーシさん（30代）
2年半で1300万円のプラス！

チャート分析が得意。営業は基本は車移動なので、車を停めてトレードすることもたびたび。

仕事中に中小型株のチャートをチェックして決断！

２０１２年末からの2年半で元手の１００万円を１４００万円まで増やしたマーシさん。日中の営業の合間を縫ってスマホをフル回転してトレードした成果だと言います。

まさに「仕事しながら」ということで、ブログの「ながらトレードで元手１００万円を10倍にしたマーシの株日誌」も好評なマーシさんに秘訣を伺いました。

まず、最初に驚くべきことは、マーシさんは、仕事を終えて自宅に帰った後でもパソコンは一切使わず、全てスマホのみで情報収集しているところです。

基本的なツールとしては、160ページ以降で紹介しているマネックス証券の「マネックストレーダー」を使っているとのことです。理由としては、何社も口座を開設しておらず以前からマネックス証券をメイン口座としており、使い慣れているからとのことです。

結構、大切なことです。わずかな手数料の違いで証券会社を乗り換えるよりも、そのまま慣れ親しんでいる証券会社やツールを使うことの方が、新規に操作を覚えることや、誤入力をする可能性を鑑みれば、王道の選択なのかもしれません。

実際に繰り返しになりますが、マネックストレーダーは、アプリ単体での株式注文機能はもちろん、注文照会や残高（建玉）照会、銘柄登録機能、個別銘柄情報、各種指標やランキング・ニュースなど、投資情報の閲覧もできるアプリなので、これを使いこなすだけで株式投資においては何の過不足もありません。パソコンいらずです。

新聞や四季報よりも決算分析のサイトを活用！

具体的なスマホの使い方としては、実際に中小型株を中心に随時50銘柄をマネックス証券で登録をして、チャート（日足）の値動きを仕事のすき間にチェックします。

エントリーポイントとしては、ボックス相場（長ければ長いほどベスト）が上抜けタイミングで押し目買いをします。当然のことながら、いつも監視することはできませんので、あくまでも仕事の移動中や休憩中にスマホを見たタイミングでそのようなチャートを見つけた時になります。もちろん、発注後には昼間は相場を見られないことから、サラリーマン投資家必須の損切りの逆指値を必ず入れているとのことです。

なお、売りのエントリーポイントは、移動平均線を割り込むまでは見守り、チャートが崩れたのを見た時は売却とのことです。

次にスマホでマーシさんが必須としているサイトをご紹介したいと思います。

そのサイトはずばり「株探」になります。

株探は、有望株（銘柄）の発掘・選択をサポートするサイトで、株価・ニュース・決算・テーマや企業情報などが満載しており、株価の変動要因となる情報や株式の売買タイミングに役立つ情報、迅速な投資判断ができる仕組みを提供しています。

（株探トップページ）http://kabutan.jp/mob/

その中で、マーシさんが一番重宝しているのが、日本初となる決算発表の分析記事のリアルタイム情報であり、これがあるから、会社四季報等は一切見ることなく、スマホだけで情報収集ができてしまう強みかもしれません。

（株探　決算速報）http://kabutan.jp/news/

このように、有望銘柄の発掘や決算情報を「株探」で発掘、50銘柄を目途にマネックス証券の登録、その後は、チャートチェックというような、非常にわかりやすい方法です。

このようなやり方であれば、パソコン不要でスマホのみでの株式投資というのもよくわかります。

すご腕
スマホ投資家
03

スマホで手にしたマイホームと2億円
ロックオンさん（30代）
アベノミクスで資産は1億9000万円に！

投資する企業の店舗を実際に見にいくなど地道なリサーチも怠らない。優待株ファンという一面も。

社会人になった2005年10月から株式投資に参戦し、運用資産を10年間で1億9000万円にまでにした、すご腕兼業トレーダーです。途中で儲けを引き出して都内にタワーマンションも購入したことからトータルの利益は2億円を突破したスマホトレーダー界の若きスターです。

「パソコンはエクセルを使う時くらいしか電源を入れません。自宅でもスマホばかりいじってます」というスマホ世代。「平日、仕事がない時はベッドで横になったままスマホトレードすることもあります」というイマドキの若手を代表する投資家です。

ロックオンさんが必ず実践していることは、97ページで紹介した東証適時開示情報閲覧サービスをiPhoneのアプリの「i開示情報」を使い、電車の中などでチェックすること。気になる内容については、画面が小さくて見にくいので「数字が伸びているか」など気になるタイトルだけを確認して、自宅に戻ってからタブレットでじっくり見て、再び発注はスマホですするという徹底した二刀流スタンスです。

閲覧しているブログも、更新の履歴一覧を見ることで、いちいち当該のブログを見にいく必要がないですし、更新されたブログの見出し一覧を見ていると、ニュースのヘッドラインのようで、何が起きたのかがわかると言います。

このあたりは、時間を有効活用している感を非常に強く感じたところです。そして、サラリーマントレーダーが見本としたい、スマートさと合理性も感じられました。

ロックオンさんが使用しているアプリは手数料の割安さや長年使い慣れていることからGMOクリック証券の「iClick株」、GMOクリック証券が取り扱っていない名証や福証に発注する場合においては「kabu.com for iPhone」です。また、ガラケーの頃から使い慣れている楽天証券の「ｉＳＰＥＥＤ ｆｏｒ ｉＰｈｏｎｅ」も使っており、まさに自由自在といったところでありました。

ＳＮＳ世代のロックオンさんも当然のように、この開示情報以外にもほかの投資家のツイッターやブログを参考にして銘柄を発掘しています。また、スマホで動画投稿サイトＹｏｕＴｕｂｅで見られるＩＰＯ企業の経営者のインタビューを見て、企業の将来性も判断しているそうです。

成長性は変わらないのに需給要因で下落したＩＰＯ株を買う！

ちなみにロックオンさんの得意の戦法の一つが、ＩＰＯ直後にベンチャーキャピタルの売却などで株価が下落した銘柄を拾って、その後の大反発に乗ること。「会社の成長性に変化はないのに、株の需給要因で下がったような銘柄を狙います」と言います。チャート分析もさることながら、ロックオンさんの場合は会計士という職業柄、損益計算書やバランスシートをはじめとした財務や企業体質の分析は自分なりにできることが強みです。

企業分析のプロであるロックオンさんでさえ、もはやパソコンを使わないで大丈夫なほど、スマホトレードの環境は向上しているのだと言えるでしょう。

ただ、今回の勝ち組投資家へのインタビューで感じたのは、前述したいってんがいさん同様、チャートの閲覧時や、一度に大量のデータを閲覧する時にはタブレットを併用するというスタンスは非常に有効だということです。

憧れのベッドトレードも(写真はイメージです)。

さすがに職場では堂々とタブレットを使用するのは厳しいかもしれませんが、ちょっとした通勤時や電車待ちのベンチ等では十分に活用できると思います。通信料についても、スマートフォン自体をデザリングすれば本体代金だけで運用できるのもいいところです。

第9章 JACK流の1日1万円スマホ儲け術

出勤前にできるアメリカ株の暴落で儲ける方法

ここからは私が実践している働きながら着実に稼ぐ方法を披露します。

見出しには「アメリカ株」とありますが、普通のサラリーマンであれば、大半は深夜12時くらいまでに就寝するのでアメリカ株を取引するのは難しいところです。このトレードは、アメリカ株を売買するのではなく、アメリカ株の動向を観察するのです。

ただ、私が注目をしているのはアメリカの個別株ではありません。ほとんどの投資家と同様に、毎朝チェックするのは平均株価（ニューヨークダウ）だけです。アメリカ株下落

＝アメリカ景気悪化なので、日本株を牽引する輸出企業を中心に日本株も売り圧力が強まります。また単純に日本の株式市場は深夜から明け方にかけてのアメリカの株価に大変影響を受けます。そこに着目したトレードです。

具体的には、出勤前や通勤電車の中で、スマートフォンでニューヨークダウの動向をチェックします（私はヤフーファイナンスを見ます）。

そこで下げ幅を見て、理想の数値としては、ざっくり200ドル、理想を言えば300ドルの下落があれば、一気に発注注文を試みます。

Y!ファイナンス
追加
NYダウ
^DJI（海外指数）
詳細情報（20分ディレイ株価）
更新
取引値 17,552.17
前日比 -50.44（-0.29%）
前日終値 17,602.61
始値 17,593.26
高値 17,606.34
安値 17,543.95
出来高 40,346,493株

ヤフーファイナンスでも新聞並みの情報が取れる！

その発注銘柄は、ずばり株主優待銘柄になります。

具体的には優待権利日がおよそ2カ月後に訪れる、一般的に人気のある株主優待銘柄（マネー雑誌で特集される上位ランキング銘柄）か、アナタが欲しい株主優待銘柄になります。

権利日前の優待株は「優待ストッパー」なるものが存在し、業績に関係なくなかなか売らずに継続保有する方や普通に先回り買いが入るので思ったより下がりません。有名な例ではここ最近業績が絶不調の日本マクドナルドです。業績はボロボロなのに、優待欲しさに個人投資家が同社の株を買って手放さないので、株価は高値を維持したままなのです。

ただ、こうした優待株もアメリカ株の下落につられて下落することがあります。その際、すかさず拾っておくと、個人投資家による優待狙いの買いが入ってきて下落分を取り戻す傾向が非常に強いのです。

米国株が下がったら人気の優待株を買う！

実際にこの原稿を書いている2015年12月18日（金曜）にNYダウが367ドルの下げがありました。それを見て私は2月末の優待銘柄のビックカメラ、リンガーハット、吉野家ホールディングスといったところを週明けの12月21日に発注を出しました。

しかしながら、前日の終値（この場合で言うと12月18日）から3％安い株価で指値をしたのですが、思ったより下落をせず終日約定しませんでした。

もちろん、そのまま朝一番で成行買いという選択肢もあったのですが、あくまでも大暴落の連れ安での約定に妙味があるので無理は禁物です。

なお、約定した場合においては、基本的には優待権利日に向かって上昇することが、統計的にも多いので、私はざっくり最低、優待価値1年分の値上がり益（例えば優待が1年で5000円分の商品がもらえるなら、5000円の売却益）、理想を言えば5年分くらいの優待価値の値上がり益が得られれば売却します。

もちろん、それでも、さらに下落するようなことがあれば、そこは潔くロスカットを入れるのが必須です。

暴落時にも対応可能！　昼休みに後場で発注する方法

サラリーマンの黄金タイムである昼休みに発注する手法です。

基本的にはサラリーマンは12時～13時に昼休みの方が多く、前場が11時30分に終了し、後場が12時30分に始まるので、スマートフォン1台で気軽にトレードをすることができます。ちなみに私自身は次のようなタイムスケジュールで過ごしております。

12時～12時10分　食事をしながらの株価確認
12時10分～12時25分　ツイッターやブログでの情報収集
12時25分～12時30分　株式の注文（訂正含む）
12時30分～12時45分　適宜確認
12時45分～13時　メールやラインでの情報交換

具体的な発注内容ですが、まずは前場で急落をしている銘柄があれば、前述したアメリカ市場の暴落対応と同じ、株主優待銘柄を指値発注いたします。前場に日経平均が暴落すると、後場も売りが売りを呼ぶ展開になったり、香港市場の影響を受け、株価が下がることが多々あるからであります。

なお、昼休みはとにかく時間がありませんから、日頃から、購入したい株式優待銘柄は常時10銘柄くらいはピックアップして、合わせて、ネット証券の株価コール（○○銘柄が▲▲円になったらメールを受け取る）も併用しておくと、時間の短縮ができます。

次に、私が狙うのは前場の日経平均株価が暴落をしているのに、株価が下落していない銘柄です。特に全面安の状況にもかかわらず、その銘柄だけ下がらないというのは強い証拠で、その後の株価推移に期待が持てます。

上場初日がたまたま暴落日になった銘柄は買い！

日頃から研究して買い場を探していた銘柄を買うのも手です。私の場合ですと株価が安くなれば配当利回りが上昇して3％台になるような銘柄もピックアップしています。また、ツイッターやブログに掲載されている勝負銘柄も下落は買いチャンスだと見て買います。「安いなら買いたい」と多くの人が感じるような銘柄は、前場で下がってもすぐに反発する傾向が強いです。

さらには、たまたまその暴落日が新規公開株の上場日と重なると、その上場銘柄が前場に思わぬ安値が付いたり、公募価格割れをする場合もあります。その場合は昼休みにリスクを取って成行買いで発注することもあります。もちろん新規上場株特有の乱高下も考えられることから、逆指値のロスカット（81ページ参照）を入れておきます。

帰宅途中に開示情報等をキャッチし、夜間取引で儲ける方法

次に会社四季報オンラインを活用しての手法を紹介します。

こちらは会社の帰宅途中の2015年11月17日の金曜日の18時に「速報②これが『新春

号』のサプライズ銘柄だ！」を閲覧した時の画面になります。

早速その銘柄の中で、経常利益が16年3月期で4・2億円↓9・2億円、17年3月期で4・6億円↓10・5億円と修正されている情報が掲載されているアプライドの株価に注目しました。

その日（2015年11月27日）の終値が2300円だという確認だけはこの時点でしておきました。

Top
記事検索結果
「サプライズ」で記事検索した結果一覧
四季報 先取り 超 サプライズ！
日本株の分岐点
日経2万円、4度目のトライ失敗　「黒田コール」期待低下
2016年1集先取り、毎日5銘柄を配信
速報②　これが「新春号」のサプライズ銘柄だ！
12月9日までの毎日17時に先行配信
速報①　これが「新春号」のサプライズ銘柄だ！
誰でも見られる情報だが、素早く行動に移すことで儲けられる。

ポイントは翌朝の買い注文を出すのでなく、私の場合19時から取引ができるSBI証券の夜間の株価推移を電車内で確認することです。日中の終値の2300円で買えれば経常利益が2倍近くなっていることから今後、この情報が新聞や雑誌等を通じて周知されれば買いニーズは強まりますので、先回り買いをする優位性があります。

しかし、夜間取引という性格上、出来高は日中と比較し激減します。さすがにその水準では売り板はありませんでしたが２４００円とか２５００円であれば売り注文があります。

案の定、徐々に買われていき下値も強かったことから、私は２５３５円で２００株の買い約定をしました。

その後、さらに株価の上昇もあったことから、週末リスクを鑑み半分の１００株は２６８０円で売却し、残った１００株については、翌日のストップ高を経て、翌々日に２９００円で売り抜きました。

この日は帰宅途中のスマホ操作で5万3000円の儲け！

このように電車内で情報を先取りして、わずかなスマホの操作で5万3000円（税・手数料を除く）を得ることができました。

以上のように、帰宅途中のトレードは基本は情報の先取りチェックから入り、ＳＢＩ証券の夜間取引とのコンボが必須です。ですから日頃から四季報オンラインや東証適時開示情報の閲覧は必須となります。車内ではスマホゲームやＬＩＮＥなどに興じている場合ではありません。

もちろん、会社仲間と一緒に帰宅することとなったとか、帰宅の電車内は睡眠や読書をする、あるいは飲み会に行く場合には、ＳＢＩ証券の夜間取引の開始時間の19時までに発注をしておけばＯＫです。トイレや駅のホームで確認・発注をするにしても5分～10分もあれば十分なので、日頃からスマホのお気に入りサイトに登録し、習慣化をすることをおすすめいたします。

PART 4

証券会社研究編

証券会社は急増するスマホトレーダーを意識して、
スマホ対応、サービス競争が激化している。
どの証券会社、システムがアナタ向きか、
主要ネット証券6社のスマホ対応に迫る！

＊証券会社の並びは50音順

SBI証券

ログイン後、すぐに見たい情報の画面が開く 通勤中や昼休みでも瞬時に取引が可能

ユーザーの利用状況を研究して操作性に工夫を凝らす

SBI証券は、『HYPER 株アプリ』というスマートフォン向けの株式取引アプリを提供しています。iPhone用とアンドロイド対応スマートフォン用の2種類を用意。どちらも基本的な機能は同じで、個別株の現物取引、信用取引のほか、NISA（少額投資非課税制度）にも対応しています。

『HYPER 株アプリ』の最大の特徴は、ユーザーの利用状況を丹念に分析して、使いやすさを徹底追求している点です。SBI証券のアプリ開発担当者によると、『HYPER 株アプリ』の利用率は、取引が始まる前の午前8時から開始後の午前10時にかけて急激に高まるとのこと。

しかも、あらかじめアプリに登録しておいたお気に入りの銘柄や保有銘柄の株価や板（気配値）などの情報をチェックして、買い注文や売り注文などを入れる動きが目立つそうです。この動きは、サラリーマ

ンが通勤時間中や、出社してから始業するまでのわずかな時間で株価や板を調べ、指値注文を入れておくといったアクションを反映しているものと思われます。

そうした朝の通勤時間や、昼休みの限られた時間でも、欲しい情報がスピーディに入手できるように、『HYPER株アプリ』には、ログイン直後に、自分の見たい画面がすぐ表示されるように設定できる機能が設けられています。

『HYPER株アプリ』には、1000銘柄（50銘柄×20リスト）まで登録可能な「登録銘柄一覧」のほか、日経平均、TOPIX、日経平均先物、米ドル／円などのインデックスが一覧できる「マーケット」、保有している現物株、信用建玉、余力・評価損益などが一目でわかる「口座管理」、注文状況や未約定一覧、当日約定一覧などがチェックできる「注文照会」などの情報画面が用意されていますが、その中から自分の好きな画面をあらかじめ選んでおくと、ログイン直後にその画面が表示されます。自動ログインを設定しておけば、アプリを起動させるだけで、すぐに見たい画面が開きます。

アプリを起動してから、自分の見たい画面にたどり着くためにタブを押したり、スワイプしたりするのは意外と面倒なもの。1分、1秒も惜しんで欲しい情報を調べ、すぐに注文を入れたいという人にとっては非常にありがたい機能だと思います。

情報がスピーディに取れるだけでなく、注文もすぐにできるのが『HYPER株アプリ』の特徴です。

「スピード注文」画面で、あらかじめ「現物」「信用新規」「信用返済」などの区分を指定し、注文株数を入力しておけば、次に画面を開いた時に「買い（売気配）」、または「売り（買気配）」のボタンをワンタップするだけで注文ができます。これなら、短い通勤時間でも、株価や板、マーケットの状況などをチェックして、すかさず注文を入れるという一連のアクションがスムーズに完結しそうです。

「使いやすさを実感していただくため、操作性にはとことんこだわっています」（SBI証券）と語るだけあって、とても実用性の高いアプリに仕上がっています。

ネット証券初、「LINE」による注文サービスも！

もう一つ、『HYPER株アプリ』のユーザーフレンドリーな機能として注目したいのが「銘柄検索」です。この画面では、銘柄名がわからなくても、キーワードやブランド名などを入力すると、関連する銘柄を探し出すことができます。

たとえば、「銀だこ」と入力すると、銀だこチェーンを運営する「ホットランド」が、「ユニクロ」と入力すると運営会社の「ファーストリテイリング」が表示されるといった感じです。ニュースを見て、気になるキーワードやブランド名を見つけた時に、この機能を使って検索すると、すぐに銘柄情報や株価を調べることができます。

2016年1月には、豊富な情報メニューの中に「株主優待」情報も追加されました。銘柄ごとの株主優待の内容が写真付きでチェックできます。

このほかSBI証券は、ネット証券として初めて、大人気のコミュニケーションアプリ『LINE』による株式取引サービスも開始しました（8ページのカラー画像も参照）。

SBI証券に口座を開いた人が同社のLINEアカウントを「友だち」として追加すると、まるで友だちとトークをするように、気になる銘柄の株価を調べたり、売買注文を出したりすることができます。しかも『HYPER 株アプリ』と同じように、キーワードやブランド名を入力するだけで、該当する銘柄の株価などを教えてくれるのが非常に便利です。

SBI証券の口座を持っていない人でも、売買注文以外のサービスなら利用できるそうなので、興味のある人は「LINE友だち」になってみてはどうでしょうか。

ちなみに、ネット証券で国内最大の口座数を誇るSBI証券は、購入手数料がかからないノーロード型の投資信託を2000本以上も販売するなど、売買できる商品の豊富さや、ネット証券最大手としての安心感にも定評があります。スマホアプリの使いやすさだけでなく、そうしたブランド力の高さに魅力を感じて口座を開く人も多いようです。

SBI 証券

SBI 証券『HYPER 株アプリ』の特徴

アプリ起動時のトップ画面が自由に入れ替えられる

1. 自動ログインを設定すれば、すぐに見たい画面が開く

マーケット

登録銘柄一覧

「マーケット」「登録銘柄一覧」「口座管理」「注文照会」など5つのメイン画面を用意。好みに応じて、ログイン後すぐに見たい画面を選べる。自動ログインを設定すれば、アプリ起動と同時に選んだ画面が表示される。

口座管理

注文照会

3. 注文はワンタップでOK

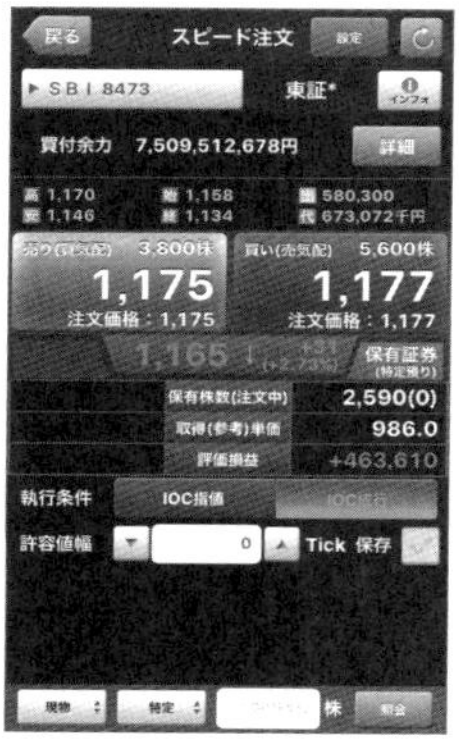

あらかじめ注文株数などを入力しておけば、次に開いた時にワンタップするだけで注文完了。

2. キーワードやブランド名でも銘柄が検索できる

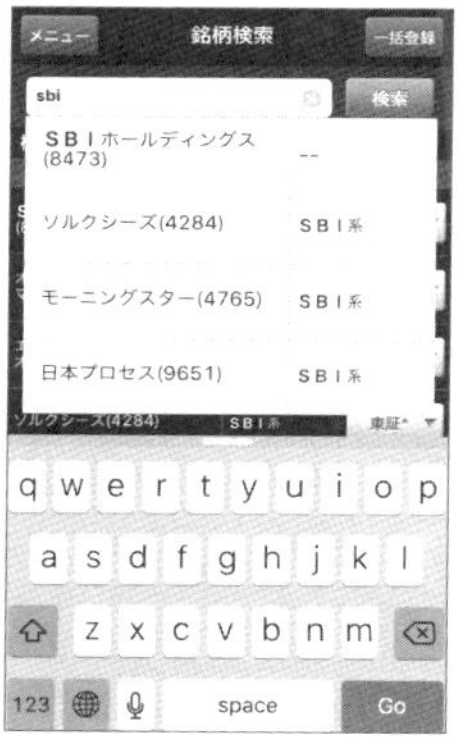

「SBI」と入力すれば関連銘柄を表示。あやふやな記憶でも見たい銘柄の情報にたどり着きやすい。

ココに注目！

『LINE』でも取引できる

SBI証券のLINEアカウントと「友だち」になり、同社に開設した総合証券口座とLINEをコネクトさせせると、まるで「LINE友だち」とトークをするように気になる銘柄の株価を調べたり、売買注文を出したりすることができる。キーワードや銘柄コードを入力するだけでも関連銘柄を表示してくれる。

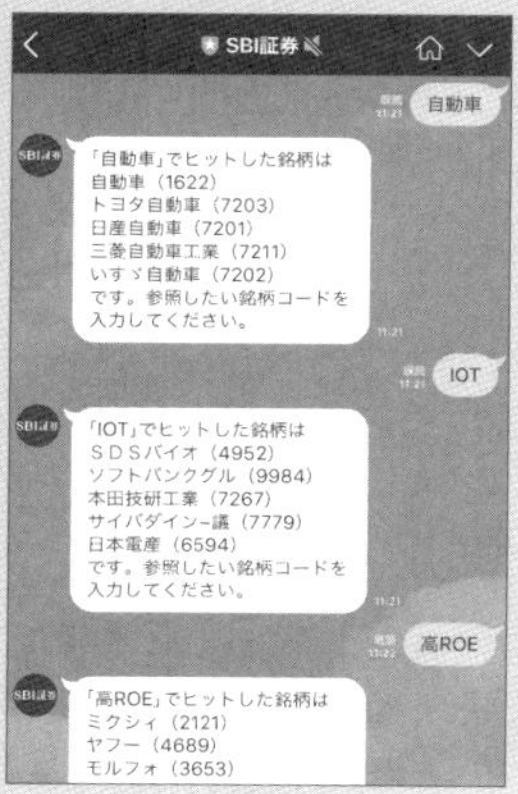

カブドットコム証券

スマホで取引できる商品の種類は業界最多
利食い、損切りを予約できる自動売買も充実

単元未満株や投資信託も売買可能

カブドットコム証券は、スマートフォン用の株式取引アプリとして『kabu．com for iPhone』と、『kabu．com for Android』の2種類を提供しています。対応するOSが異なるだけで、それぞれアプリの機能やサービスはまったく同じです。

他のネット証券のアプリとの大きな違いは、取引できる商品の充実度です。現物株や信用取引、先物・オプションはもちろん、他社のスマホ用株式取引アプリでは取引できない単元未満株（プチ株）や投資信託、くりっく365、取引所CFD、外貨建てMMFなども売買することができます。

カブドットコム証券のアプリ開発担当者によると、「スマホで取引できる商品の数は業界最多。しかも、他社の場合、株式と先物・オプションでは別のアプリを用意するといったように、商品ごとにツールを分

けているところもありますが、『ｋａｂｕ．ｃｏｍ ｆｏｒ ｉＰｈｏｎｅ／Ａｎｄｒｏｉｄ』なら、一つのアプリで様々な商品を取引することができます」とのことです。

２０１５年12月には、５００円からの単元未満株や投資信託の積み立てについても、スマホで申し込めるようになりました。取引できる商品の種類は、これからもどんどん増えそうです。

また、『ｋａｂｕ．ｃｏｍ ｆｏｒ ｉＰｈｏｎｅ／Ａｎｄｒｏｉｄ』の株価情報はリアルタイムで更新されます。つねに最新の株価に基づいて売買ができるので、株価の急変動による高値づかみや売却損のリスクは低く、絶好のタイミングで売買注文を入れられるチャンスも広がります。

さらに、ニュースやランキング、会社四季報などの情報も充実。とくに株式関連のイベントや経済関連のスケジュールを確認できるカレンダー機能「ｋａｂｕ．ｃｏｍカレンダー」は、アメリカの雇用統計の発表日やＳＱ日といった、株式相場に大きな影響を与えるイベントの日程が一目でわかり、売買戦略を練る上で非常に役立ちます。

カブドットコム証券といえば、何と言っても同社が「自動売買」と呼んでいる多彩な注文方法を駆使できるのが大きな魅力です。

同社の「自動売買」には、特許を取得している「逆指値注文」、「Ｗ指値注文」（指値と逆指値を同時に出す注文方法）、「±《プラマイ》指値注文」（始値・終値・約定価格を基準とした値幅による指値注文）のほか、「リレー注文」（A株を売却したら、B株を買うといった設定ができる注文方法）、「Uターン注文」（買い注文と同時に、その銘柄の売り注文を出せる注文方法）、「トレーリングストップ注文」（高値安値に合わせて、逆指値注文をリアルタイムに自動修正する注文方法）、「時間指定注文」（時間を指定して発注や注文の取消、訂正ができる注文方法）など、日中は忙しくて取引に専念できない人のために役立つ、様々な注文方法が用意されています。

「自動売買」を活用すれば、取引時間中も仕事に専念できる

もちろん、これらの「自動売買」は『kabu．com for iPhone／Android』でも活用することができます。

たとえば、朝9時に出勤するサラリーマンであれば、寄り付き前の通勤時間中に電車やバスの中で気になる銘柄の気配値を調べ、「上がりそうだ」と思う銘柄があったら、買い注文と売り注文が同時に出せる「Uターン注文」を入れておくという方法もあります。

こうしておけば、業務に専念している間にも、指値に届いた時点で自動的に買い注文が約定し、売り注文の指値に届けば自動的に決済されます。予想に反して株価が大きく下がった時のために備えて、損切りの逆指値を入れておくことも可能です。

これなら、「いま株価はどうなっているのだろう」とハラハラドキドキすることもありませんし、何度もトイレに駆け込んでは株価を調べ、注文を訂正するといった煩わしさもなくなります。何より、「挙動がおかしい」と上司や同僚から怪しまれなくて済むのは、非常にありがたいことだと思います。

ちなみにカブドットコム証券は、注文が約定した時や、気になる銘柄の株価があらかじめ設定しておいた水準に到達した時などにメールで知らせてくれる通知サービスも提供しています。パソコン上での設定が必要ですが、「日経平均がいくらになったら通知」「取引口座の資産残高が1000万円になったら通知」といったように、様々な設定ができるので非常に便利です。メールの送信先を手持ちのスマートフォンのアドレスにすることもできます。

ちなみにカブドットコム証券の担当者は、「ユーザーの中には、当社から届いた通知メールだけ着信音やバイブレーションを変えて、ほかのメールと区分けしている方もいらっしゃいます」という、ちょっとした裏技を教えてくれました。

これなら、同社からの通知メールが届いた時だけトイレに駆け込めるので、上司や同僚から怪しまれる心配も少ないのではないでしょうか。

カブドットコム

カブドットコム証券『kabu.com for iPhone/Android』の特徴

利食い、損切りを予約できる多彩な注文方法を用意

1. 様々な注文方法が選べる

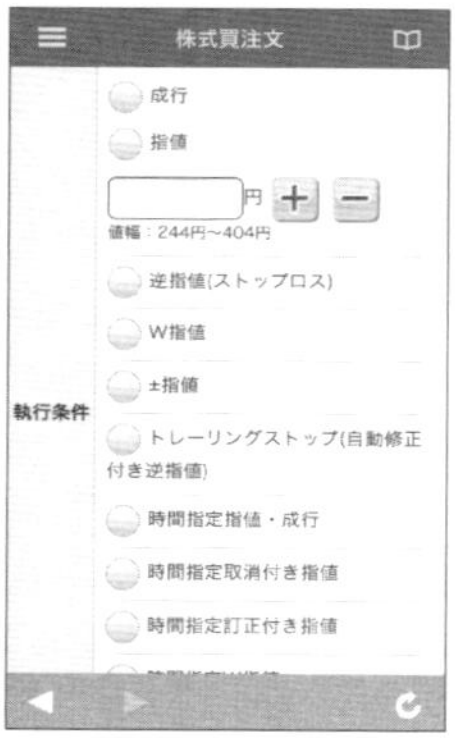

逆指値注文のほか、W指値注文、±《プラマイ》指値注文、Uターン注文、リレー注文、トレーリングストップなど、予想する株価の動きに応じた様々な注文方法が選択できる。

2. 戦略づくりに役立つカレンダー情報

米雇用統計の発表日、SQ日など、相場に大きな影響を与えやすい国内外のイベントが一目でわかる「kabu.comカレンダー」を用意。気になるイベントにはメモを入力できる。

3. ニュース、ランキングなど情報が充実

ランキング

チャート

ニュース

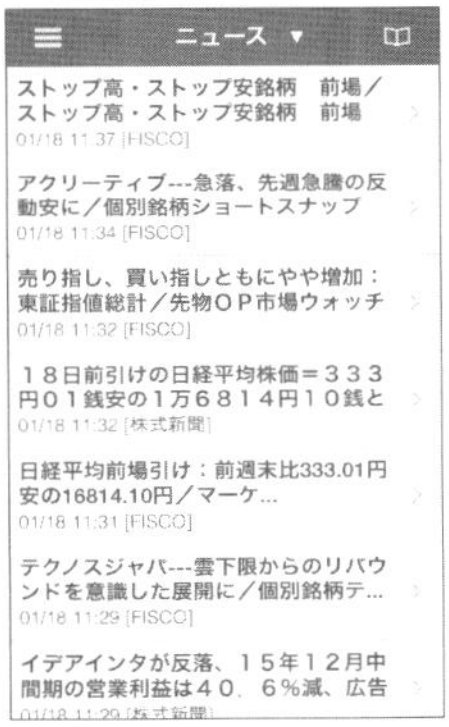

ニュース画面には１日当たり約700本の最新ニュースを掲載。ランキング情報では、市場ごとに値上率、値下率、売買高など10数種類のランキングがチェックできる。

ココに注目！

ポートフォリオを一元管理、コミュニティサイトも人気

口座がなくても利用できるアプリ『kabu smart』では証券会社ごとの資産運用状況を一元管理できる。口座開設者向けには『教えて! kabu.com』などのコミュニティサイトも。

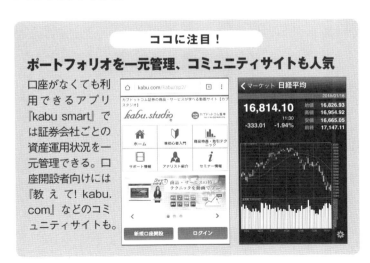

GMO
クリック
証券

高齢者にも使いやすいアプリを目指してデザイン性よりも操作性を重視

少ないタップ数で注文までたどり着ける

2007年、初代「iPhone」が誕生した直後に、いち早く株式取引アプリを開発したGMOクリック証券。現在は、現物株取引と信用株取引ができるiPhone向けの『iClick株』、同じくアンドロイド端末向けの『株roid』と、2種類の株式取引アプリを用意しています。

それぞれのアプリは、対応するOSが異なるだけで基本的な機能はまったく同じ。

「いつでも、どこでも、パソコンと同じ環境で取引できるアプリを目指しました。パソコンで見ることができて、『iClick株』と『株roid』で見られないのは会社四季報情報ぐらい。板情報やチャートはもちろん、国内外の主要指標、為替、ニュース、開示情報など、パソコン用で取れる情報はほとんどチェックできます。いずれは四季報情報も加える予定です」（GMOクリック証券）

スマートフォンの誕生期から株式取引アプリを開発してきたGMOクリック証券は、使いやすさ、情報の見やすさ、機能など、様々な面において「他社のアプリには負けない」（同社）という自信を持っているようです。

とくにこだわっているのは、スマホに慣れていない高齢者でも迷わず操作できるような使いやすさ。例えば『iClick株』と『株roid』には、画面の下側に「ホーム」、「ウォッチリスト」（保有銘柄や参照履歴などのリスト）、「銘柄情報」、「マーケット」などのメニューボタン（タブ）が並んでいます。

最近のスマホ用アプリでは、このように画面の下側にメニューボタンを並べるのは「ちょっと流行遅れ」（同社）のデザインなのですが、ボタンが下にあった方が視認しやすく、押しやすいことから、あえて下に置いているのだそうです。このようにデザイン性よりも操作性を優先して画面づくりを行っているのが『iClick株』と『株roid』の大きな特徴だと言います。

操作性という意味では、少ないタップ数で注文ができるように工夫されている点にもこだわりが感じられます。「銘柄情報」として表示される個別銘柄の「板情報」や「チャート」、「ニュース」などの画面の右上には、わかりやすいオレンジ色の「注文」ボタンが配置されています。これをクリックすると、すぐに注文画面が表示されて、すかさず売買注文を入れることができます。

さらに、「マーケット」や「ウォッチリスト」、「保有／履歴」、「銘柄検索」などの画面からも、個別銘柄の名称などをタップすると「操作メニュー」が表れ、メニューに並んだボタンを押すだけで、その銘柄の「注文」画面や、「銘柄情報」(板情報・チャート・ニュース)の画面にすぐに移動できます。

情報をチェックしてから、注文を入れるまでの動線が非常にスムーズなので、通勤中や昼休みなどの限られた時間でも、サクサクと取引ができそうです。

「ウォッチリスト」を活用して作業をスピードアップ

『iClick株』と『株roid』には、保有している銘柄や、「銘柄情報」(板情報・チャート・ニュース)をチェックした銘柄などが自動登録される「ウォッチリスト」と呼ばれる銘柄リスト画面が用意されています。

例えば、「銘柄検索」で気になる銘柄を選び、そのチャートやニュースなどを見ると、その銘柄が自動的に「ウォッチリスト」に登録される仕組みです。

いったん登録されると、次にアプリを起動した時に、もう一度同じ銘柄を検索する手間がなくなりますし、「ウォッチリスト」に表示された銘柄名をタップすれば、すぐに直近の板情報やチャート、ニュースなどをチェックしたり、そのまま注文を入れたりすることができます。つまり、取引に要する時間がさらに短くなるわけです。

『ｉＣｌｉｃｋ株』『株ｒｏｉｄ』をパソコンと連携させると、よりいっそう取引をスピードアップさせることができます。

『ｉＣｌｉｃｋ株』と『株ｒｏｉｄ』の「ウォッチリスト」は、ＧＭＯクリック証券がパソコン向けに提供している株式取引サービスの銘柄登録リストと同期します。帰宅後や出勤前にパソコンで気になる銘柄をチェックしておくと、その銘柄が『ｉＣｌｉｃｋ株』『株ｒｏｉｄ』の「ウォッチリスト」に自動登録されるのです。

通勤中や昼食時間に銘柄探しから始めるとなると、かなりの時間ロスが生じてしまいます。事前にパソコンで銘柄チェックを済ませておけば、無駄な時間が省けるだけでなく、「買うべきか？　売るべきか？」を判断する余裕も生まれるはずです。

なお、ＧＭＯクリック証券は、業界最安値水準の手数料を実現していることでも知られています。売買頻度の高いデイトレードやスイングトレードを実践している人には、アプリの使いやすさだけでなく、手数料の安さも魅力的でしょう。

GMOクリック証券『iClick株』『株roid』の特徴

使いやすさと時間短縮にとことんこだわる

1. メニューボタンは画面の下部に配置

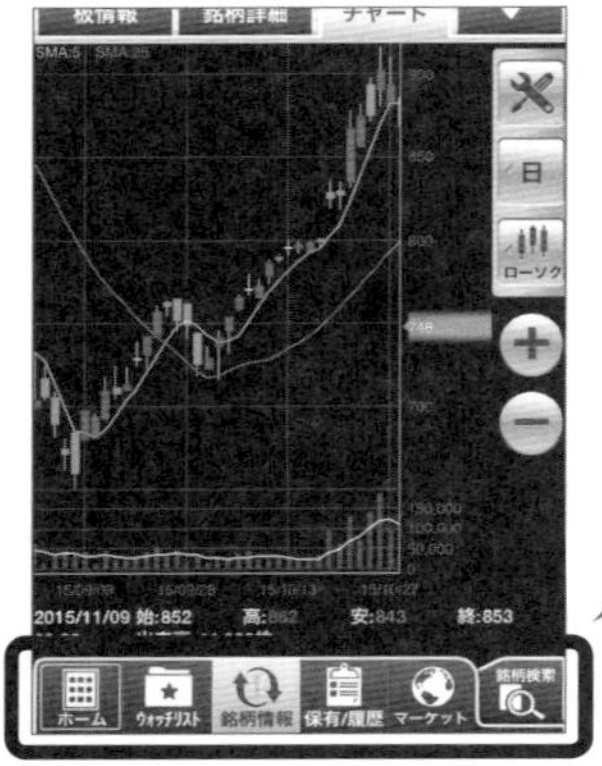

デザイン性よりも「わかりやすさ」を重視して、視認しやすい画面下部にメニューボタンを並べた。

2. 銘柄情報の右上に「注文」ボタン

「銘柄情報」（板情報・チャート・ニュースなど）の画面の右上には、オレンジ色の「注文」ボタンを設置。「買いたい」と思ったら、このボタンを押すだけで注文画面に移動できる。

3. 情報画面から「操作メニュー」、注文画面へ

マーケット情報

銘柄検索

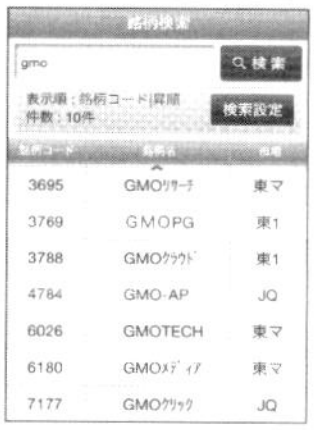

操作メニュー

注文画面

「マーケット情報」「ウォッチリスト」「保有/履歴」「銘柄検索」画面で銘柄名などをタップすると、「操作メニュー」が表示される。ここから注文画面や「銘柄情報」画面にワンタップで移動できる。

ココに注目！

「ウォッチリスト」で取引時間を短縮

『iClick株』『株roid』の「ウォッチリスト」は、パソコンで行った銘柄登録リストと同期する。いちいち再検索しなくてもOK。

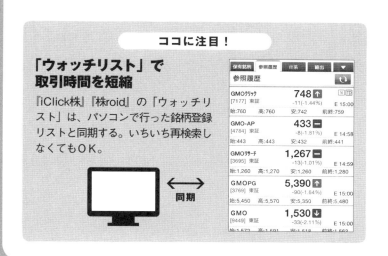

松井証券

アプリを開いていなくても約定を通知 先物・オプションもスマホで取引できる

入出金から取引まで、すべてスマホで完結

松井証券の『株ｔｏｕｃｈ』は、株式取引だけでなく、日経２２５先物、日経２２５オプションの取引にも対応したスマートフォン向け株式取引アプリです。ｉＰｈｏｎｅ版、アンドロイド版の２種類を用意しており、同社に証券取引口座を開設すれば無料で利用することができます。

同社によると『株ｔｏｕｃｈ』の大きな特徴は、「入出金から情報の確認、注文まで、株式取引に必要なアクションの全てを完結できるアプリ」（開発担当者）に仕上げられていることだそうです。

ホーム画面（メニュー画面）の右下には「入出金」のボタンが設けられており、これをタップすると、同社の携帯サイトの入出金ページが表示されて、入金・出金の手続きができます。通勤中や昼食時間にスマホで売買しようと思っても、買い付け余力が足りず、みすみすチャンスを逃してしまうことも珍しくあ

りませんが、スマホで入出金できるのなら、そんな機会ロスをなくすことも可能です。

もちろん、市況や銘柄ごとの情報も充実しています。『株ｔｏｕｃｈ』には、最大４００銘柄（20銘柄×20グループ）が登録できる「株価ボード」という画面が用意されています。いったん登録すると、銘柄名とともに、現在値、騰落率などがリスト表示され、四本値、板情報（複数気配）などもチェックすることができます。

グループ名は自由に設定できるので、「自動車」や「電機」といった業種ごと、「低ＰＥＲ」「高配当」といった注目ポイントごとなどに分類してみるのもいいでしょう。

また、「先物ボード」という画面では、日経平均株価や日経２２５先物（直近2限月）、日経２２５ｍｉｎｉ（直近5限月）の現在値、四本値、複数気配、騰落率のほか、Ｂａｓｉｓ、理論値、乖離率などを確認できます。同じく「オプションボード（ＯＰボード）」画面では、日経２２５オプション（直近4限月）の現在値、四本値、複数気配、オプション理論値、ヒストリカル・ボラティリティ、インプライド・ボラティリティ、デルタ、ガンマ、ベガ、シータ、ローなどの情報をチェックできます。勤務中や外出中でも先物・オプション取引をしたいという人には、もってこいのツールだと言えそうです。

「株価ボード」「先物ボード」「ＯＰボード」の情報は、いずれも最短0秒で自動更新されるように設定されているとのことなので、秒刻みの絶妙な売買タイミングを逃す心配も少なそうです。ただし、これほどリアルタイムに情報が更新されると電池切れする心配がありますので、予備バッテリーを持っておいたほうがいいかもしれません。

このほか、『株ｔｏｕｃｈ』はボリンジャーバンド、一目均衡表、ＭＡＣＤ、ストキャスティクス、ＲＳＩなどのテクニカルチャートも充実しています。デイトレードにも使えるようにＴｉｃｋ、1分足、5分足、15分足なども表示可能です。

さらに、日経平均やＴＯＰＩＸだけでなく、ＪＰＸ日経４００、マザーズ指数、ＪＱ指数、海外ではＮＹダウやドイツのＤＡＸ指数、中国の上海総合指数など、世界中の指数の動きが確認できるほか、主要な為替の動き、種類豊富なランキング情報、ニュース、開示情報などがチェックできるのも大きな魅力です。

ウェアラブル端末でも約定情報が確認できる

ほかのネット証券のアプリでは利用できない、『株ｔｏｕｃｈ』だけの機能として注目したいのが「約定Ｐｕｓｈ通知機能」です。

これは、注文が約定すると、たとえ『株ｔｏｕｃｈ』が開いていない状態でも、スマートフォンの画面上にリアルタイムに通知が表示されるというもの。デスクワークの最中でも買い注文の約定が確認できるので、ちょっとトイレ休憩を取って、すぐに売るか、持ち続けるか、売り指値注文を入れるかどうかを考えたりすることができます。

ちなみに、この「約定Ｐｕｓｈ通知機能」はウェラブル端末のＡｐｐｌｅ Ｗａｔｃｈにも対応しています。会議中に約定通知が届いても、スマートフォンだと見るのをためらうこともありますが、時計ならさりげなく見ることができそうです。

また、『株ｔｏｕｃｈ』では、逆指値注文や返済予約注文（新規注文と同時に返済注文を予約できる注文方法）を入れておくことも可能です。日中のオフィスワークが忙しく、いちいち株価の動きを見ながら注文する余裕がない人は、通勤時や昼休みにこれらの注文を入れておくといいでしょう。

松井証券によると、『株ｔｏｕｃｈ』は、画面のレイアウトやボタンの色遣いなどを極力シンプルにして、誰にでもわかりやすく、使いやすいデザインに仕上げているそうです。「一般に株式取引アプリのデザインは、プロのデザイナーにお任せすることが多いようですが、当社はユーザーの使い勝手を配慮しながら自分たちで基本デザインを考え、それに基づいてデザイナーに設計してもらっています」と開発担当者は語ります。

そうしたユーザー目線のこだわりが満載されているのも、『株ｔｏｕｃｈ』の魅力と言えそうです。

松井証券

松井証券『株 touch』の特徴

入出金から情報チェック、取引まですべて完結！

1. 入出金もスマホで OK

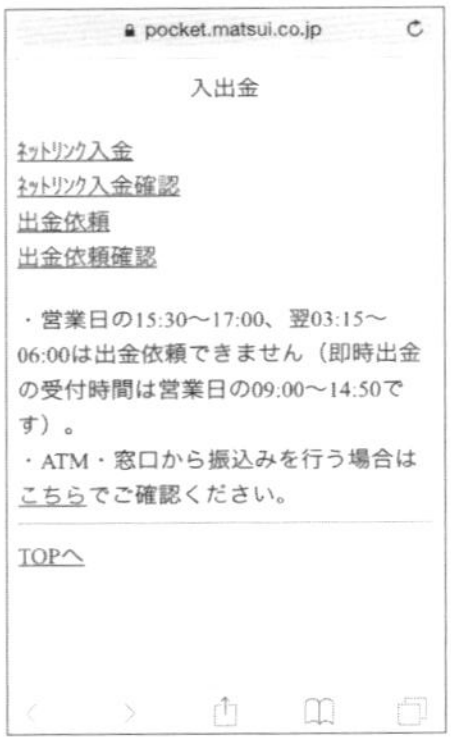

ホーム画面（メニュー画面）右下の「入出金」ボタンを押すと、入出金ページが表示される。

2. 最大 400 銘柄が登録できる「株価ボード」

20銘柄×20グループが登録可能。グループ名は自由に設定できる。登録された銘柄は現在値、騰落率などがリスト表示され、四本値、板情報などもチェックできる。

4. 充実したテクニカルチャート

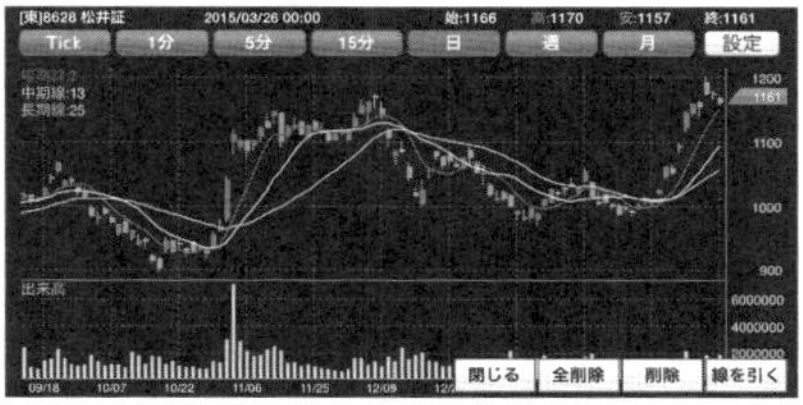

メインチャートには移動平均線、ボリンジャーバンド、一目均衡表、エンベロープ、サブチャートには出来高、MACD、ストキャスティクス、RSI、DMI/ADXなどが表示可能。横画面表示にすると見やすい。

3. 注文もスピーディ

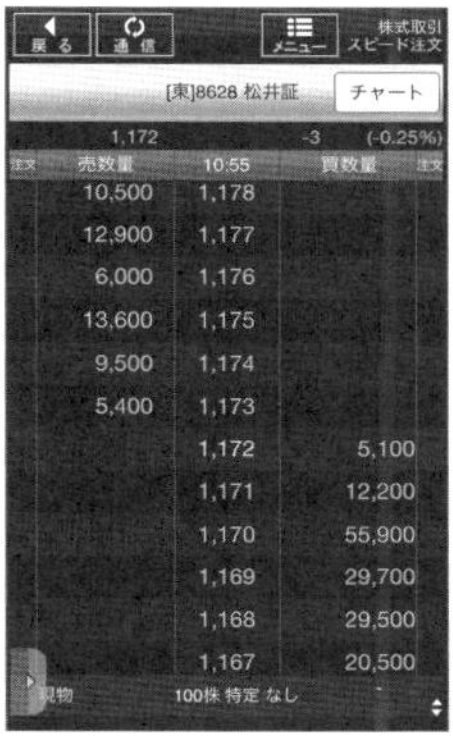

あらかじめ「売りと買いの別」「価格」以外の注文条件を設定しておけば、ワンタップで注文できる。

ココに注目！

アプリが開いていなくても約定を通知してくれる

『株touch』が起動していない状態でも、注文が約定するとスマートフォンの画面上に「銘柄名」「約定価格」「約定数量」などがリアルタイムに表示される「約定Push通知機能」を搭載。タイミングを逃さず次の売買につなげることができる。

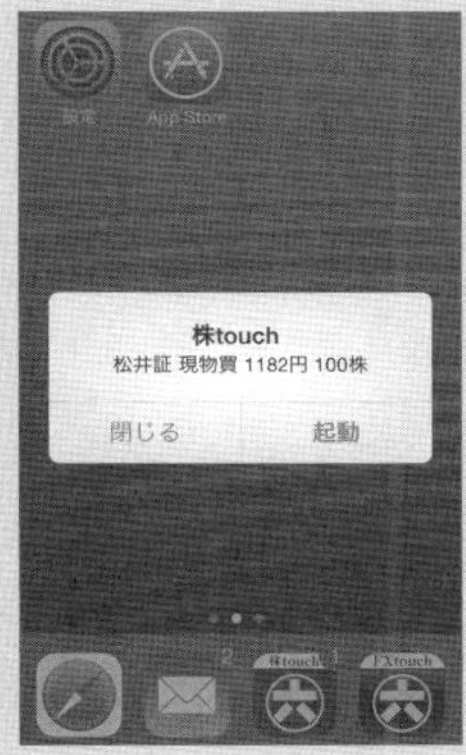

マネックス証券

登録した銘柄がパソコン、タブレットと連携　銘柄探しに役立つランキング情報も充実

株価がリアルタイム更新されるのでチャンスを逃さない

パソコン、スマートフォンなどの端末ごとや、株式、ＦＸなどの投資対象ごとに、さまざまなトレーディングツールを提供しているマネックス証券。株式取引ツールとしては、パソコン用の『新マネックストレーダー』、スマホ用アプリの『マネックストレーダー　スマートフォン』、タブレット用としてｉＰａｄ向けの『マネックストレーダー　ｆｏｒ　ｉＰａｄ』などを用意しています。

いずれも名称を統一しているだけでなく、パソコン用、スマホ用、タブレット用のツールで、相互に登録銘柄情報の連携が取れているのが『マネックストレーダー』の大きな特徴です。例えば『マネックストレーダー　スマートフォン』で気になる銘柄を登録すると、その情報はクラウド上に保存されて、『新マネックストレーダー』や『マネックストレーダー　ｆｏｒ　ｉＰａｄ』の銘柄リストにも反映されます。ほか

のデバイスから銘柄を登録した場合も同様です。

マネックス証券のアプリ開発担当者は、「まとまった数の銘柄を登録したり、リストを入れ替えたりする作業は、どうしてもスマホよりパソコンの方が効率的です。ユーザーの中には、自宅にいる間にパソコンで気になった銘柄をまとめて登録しておき、通勤中や昼休み時間には、リスト化された登録銘柄の値動きを見ることに専念するといった使い分けをしている方もいらっしゃるようですね」と言います。

また、スマホを機種変更する場合、株式取引アプリの中に銘柄が登録されていると、新しい機種にもう一度アプリをダウンロードして、銘柄をイチから登録し直さなければならなくなりますが、『マネックストレーダー スマートフォン』なら、クラウド上に登録銘柄が保存されているので、以前のままの登録銘柄リストをダウンロードすることが可能です。このように、登録した銘柄をクラウドにバックアップできるのも、『マネックストレーダー スマートフォン』の便利な点だと言えます。

もう一つ、『マネックストレーダー スマートフォン』の注目すべき特徴と言えるのは、株価情報がリアルタイムに更新されることです。ほかのネット証券の株式取引アプリでは、株価や前日比、騰落率などの株価情報は数秒ごとに更新されるのが一般的ですが、『マネックストレーダー スマートフォン』では株価が動くたび、時間を置かずに株価情報が更新されます。わずかな時間の差と思うかもしれませんが、超高速取引が日常化している今日においては、たった数秒で株価が大きく動くことも珍しくありません。数秒前の株価を見て成行注文を入れたところ、直後に株価が急変して、思わぬ高値づかみをしてしまったり、逆に大きな売却損を出してしまったりすることもありうるのです。

株価情報がリアルタイムに更新されれば、そうしたリスクを軽減できるだけでなく、最新の株価に基づいて、いち早く売買を仕掛けることもできます。

このほか、『マネックストレーダー スマートフォン』は、値上率、値下率などのランキング情報も充実しています。デイトレーダーが、その日の寄付き前に大きく値が動きそうな銘柄を探すのに役立つ気配値上率や気配値値下率、中長期のトレーダーが売り込まれて安く買える銘柄を探すのに便利な移動平均乖離率など、ユーザーの投資スタイルに合わせて、さまざまなランキング情報を用意しています。

テクニカルチャートは、移動平均のほか、ボリンジャーバンド、一目均衡表、DMI、MACD、RSI、スローストキャスティクスなど7種類を用意。デイトレード向けの1分足、5分足や、中長期投資向けの200日移動平均など、投資期間の長さに応じて時間軸を柔軟に設定できます。

逆指値注文や期間指定注文ができる

『マネックストレーダー スマートフォン』は、注文のしやすさにも定評があります。

銘柄情報画面の下側には、「気配」「チャート」「銘柄詳細」のタブと並んで、右端に「注文」のタブが用意されています。この「注文」タブを指で触れて上に引き上げると、するすると注文画面が顔を出します。気配やチャートの画面を見ながら買い時、売り時を探り、「今だ」と思ったら注文画面を引き上げて、即座に注文を入れることができます。注文画面を半分だけ引き上げて、背後の画面に表示される気配、チャートの動きを見ながら、同時に注文画面の上半分だけを設定・入力しておくといったことも可能です。売買のタイミングが来たと思ったら、注文画面の下半分を一気に引き上げ、残りの設定・入力を行って注文を出します。

よりスピーディに注文を出したい時は、リアルタイムの最良気配を見ながらワンクリックで注文ができる「2WAY注文」を選択することもできます。

なお、『マネックストレーダー スマートフォン』は、逆指値注文やツイン指値注文（指値と逆指値を同時に出す注文）、最大30日先までの期間指定注文にも対応しています。日中は忙しくて注文を入れる時間がないという人は、あらかじめこれらの注文を設定して自動的に利食いや損切りができるようにしておくといいでしょう。

マネックス証券『マネックストレーダー スマートフォン』の特徴

パソコン用、タブレット用ツールと銘柄リストが連携

1. 気になる銘柄をリスト登録

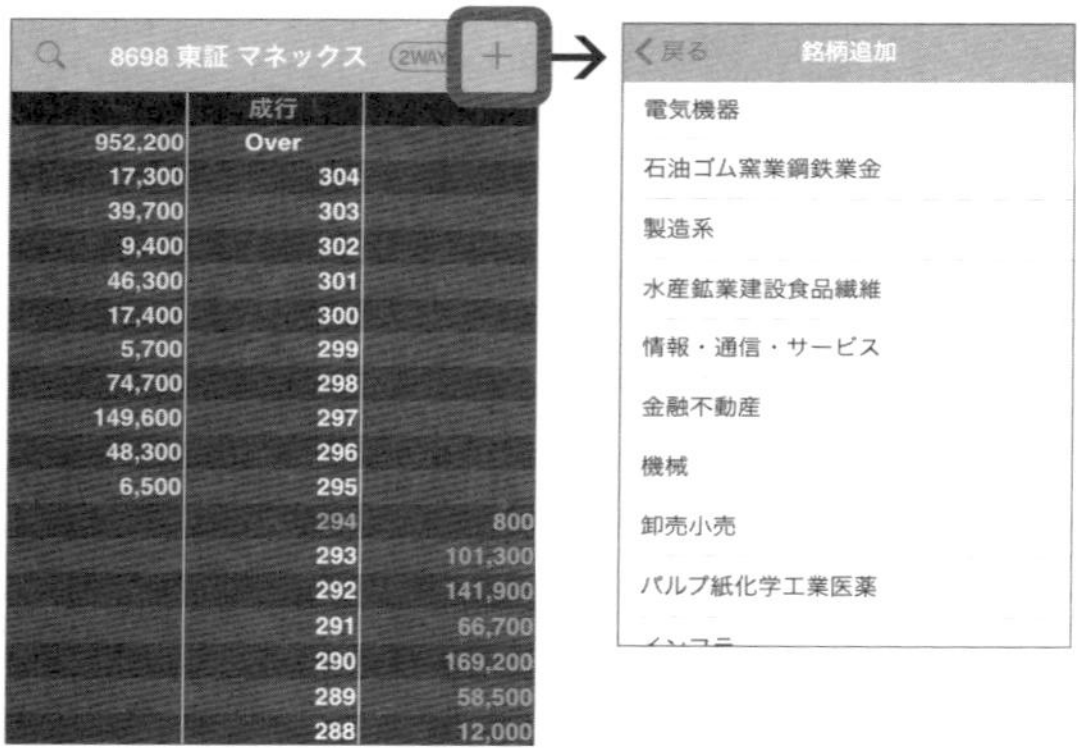

銘柄情報（気配・チャート・銘柄詳細）画面の右上にある「+」をクリック。次に表示される画面で登録先のフォルダーを選択する。

2. クラウド上に保存され、他のツールと同期

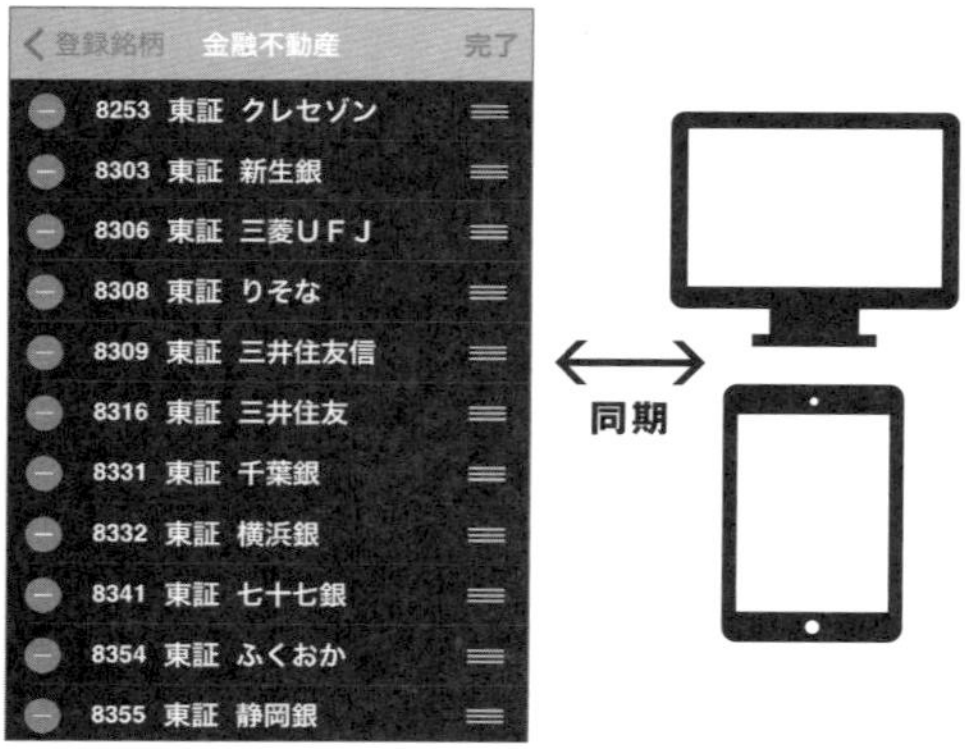

登録された銘柄のリストはクラウド上に保存され、同じリストがパソコン用の『新マネックストレーダー』、タブレット用の『マネックストレーダー for iPad』にも表示される。

3.「注文」タブを引き上げると注文画面が現れる

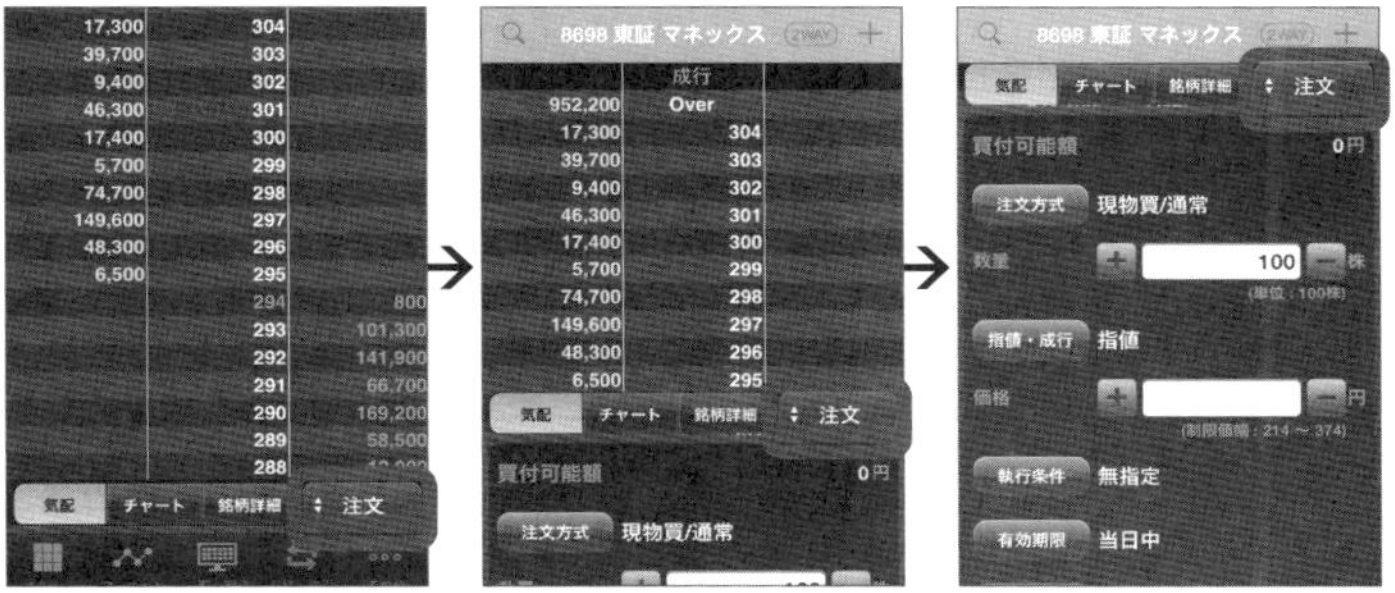

銘柄情報（気配・チャート・銘柄詳細）画面の下にある「注文」タブを引き上げると注文画面が現れる。タブをタップすると全画面表示に。

4.「2WAY 注文」も可能

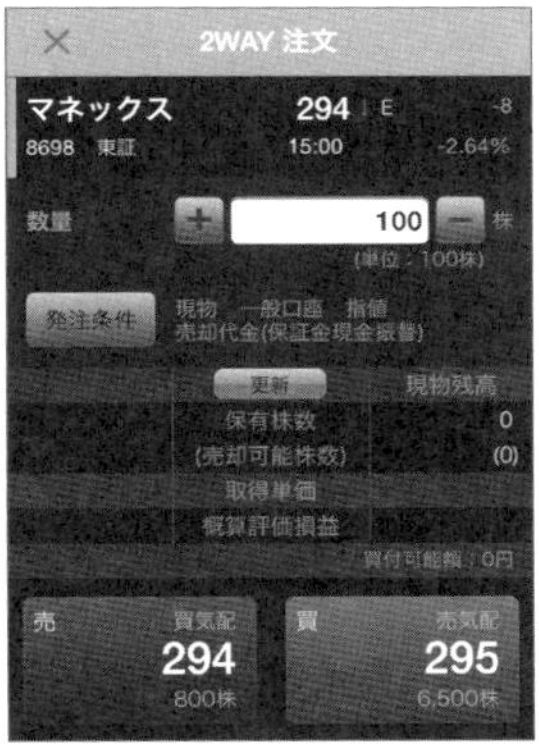

あらかじめ発注条件を設定しておくと、「売」「買」のどちらかをワンタップするだけで注文ができる。

ココに注目！

ランキング情報が充実

様々なランキング情報がチェック可能。順位もほぼリアルタイムで変動する。

楽天証券

Apple Watchでも株価やニュースをチェック ネット証券唯一の指紋認証でセキュリティも万全

業界初、チャートを見ながらワンタップで注文

楽天証券といえば、パソコン用トレーディングツールの傑作として多くの個人投資家から圧倒的な支持を集めている『マーケットスピード』でおなじみ。その高い操作性や圧倒的な情報量を受け継ぎ、スマートフォン用の株式取引アプリとして誕生したのが『iSPEED』(アイスピード)です。iPhone用、アンドロイド端末用の2種類が用意されていますが、楽天証券に口座を開いていない人でも一部の機能が利用できることなどから、これまでに計110万以上もダウンロードされている人気アプリです。

『iSPEED』の特徴はいくつもありますが、なかでも注目に値するのはスピーディな発注を実現した「エクスプレス注文」機能でしょう。あらかじめ注文株数や執行条件などを設定しておけば、気配値を見ながら「売り」と「買い」のどちらかのボタンをワンタップするだけで発注することができます。

チャートを見ながらワンタップで注文ができるネット証券業界初の「チャート発注」や、同じく業界初の「オートセレクト（AS）注文」など、「よりスピーディに発注できる機能を充実させています」と同社のアプリ開発担当者は説明します。アプリの名称にSPEEDの文字が入っているのは、決して伊達ではなさそうです。

もちろん、その圧倒的な情報の量と質も『マーケットスピード』譲りです。マーケット情報は、日経平均、TOPIX、JPX日経400といった国内の主要指標は言うまでもなく、NYダウ、ナスダック、香港ハンセン指数など世界中のインデックスを網羅。為替レートも、楽天証券が提供している「楽天FX」の各通貨ペアのプライスボードがリアルタイムでチェックできます。

また、個別銘柄情報は、気配値や14種類のチャートのほか、会社四季報情報や株主優待情報なども見ることができます。

さらにニュース画面では、1日1000本以上のニュースを読むことができます。「日本経済新聞の1〜3面に載るような主要ニュースは、その日の朝までに掲載されます。通勤中に新聞や新聞の電子版を見ながらその日売買する銘柄を決める人も多いと思いますが、『iSPEED』のニュースをチェックしておけば、新聞を読まなくても銘柄選びができるはずです」（楽天証券）

しかも、気になる銘柄に関するニュースが入ってくると、スマホの画面上にアラートを表示してくれるのが『ｉＳＰＥＥＤ』の便利な点です。

『ｉＳＰＥＥＤ』には、あらかじめ登録しておいた銘柄の株価の動きや関連ニュースの配信を知らせてくれるアラート機能が搭載されています。株価については、「○○円以上」または「○○円以下」と水準を設定しておくと、その水準に到達した時点で通知が表示される仕組みです。アプリを起動していなくても通知が表示されるので、売りや買いのタイミングを逃す心配はありません。

さらに、ｉＰｈｏｎｅユーザーで、いま話題のウェアラブル端末ＡｐｐｌｅＷａｔｃｈを持っている人なら、これらの通知をＡｐｐｌｅＷａｔｃｈで受けることもできます。仕事中、個人用のスマホはあまり頻繁に見られないという人もいると思いますが、ＡｐｐｌｅＷａｔｃｈなら、時間を見るようにさりげなく通知をチェックできますし、つねに身に着けているので、通知が届いたら即座に反応できます。

アプリのロック解除に指紋認証を利用できる

残念ながら、ＡｐｐｌｅＷａｔｃｈの通知機能はｉＰｈｏｎｅユーザーでなければ利用できませんが、その代わりアンドロイド端末のユーザーは、ｉＰｈｏｎｅには対応していないウィジェット機能を利用することができます。

ウィジェットとは、スマートフォンのホーム画面上に起動したままの状態で貼り付けることができるアプリのことです。『iSPEED』のウィジェットは、アプリを開かなくても、あらかじめ選んでおいた銘柄の株価情報やチャート、市況や為替などの動きがチェックできるだけでなく、最新ニュースの見出しも確認できます。

また『iSPEED』は、セキュリティ面でも万全な機能を備えています。こちらもiPhoneユーザー限定ですが、iPhone5sから採用されている指紋認証センサーに対応して、アプリのロック解除に指紋認証が利用できるようになっているのです。

まず、ホーム画面上にある『iSPEED』のアイコンをタップし、次にiPhone本体のホームボタン(指紋認証センサー)をタッチすると、ユーザーの指紋が認証されてロックが解除される仕組みです。

ロックが解除されるとログイン画面が表示されますが、自動ログインを設定しておくと、ログイン画面を省略していきなりメイン画面が表示されます。指紋認証だけでもセキュリティはかなり万全なので、よりスピーディに操作したい人は、自動ログインを設定しておくのもありかもしれません。

楽天証券『iSPEED』の特徴

買い時、売り時を逃さないための機能が充実

1. チャートからでもワンタップで注文

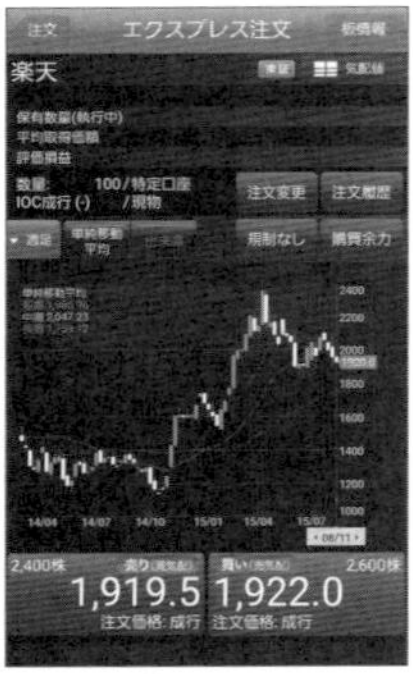

ネット証券業界で初めて、チャート画面からのワンタップ注文を可能にした「チャート発注」や、あらかじめ信用取引の建玉の返済順を指定しておくと、建玉残高に応じて新規・返済を自動的に判断して発注する「オートセレクト（AS）注文」を採用した。

2. 売買タイミングを知らせるアラート機能

株価アラート

ニュースアラート

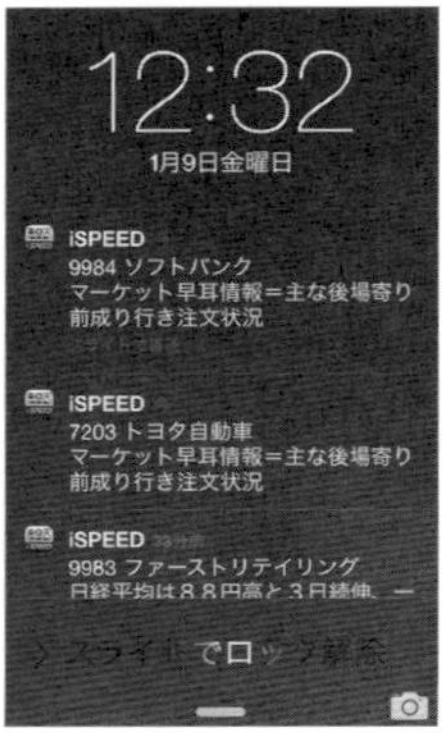

あらかじめ銘柄を選んでおくと、その銘柄の株価が指定の水準まで動いた時や、銘柄に関連するニュースが配信された時に通知が表示される。

3. 指紋認証でアプリのロックを解除

アプリを起動　　ホームボタンをタッチ　　ログイン画面が開く

アプリを立ち上げても、ユーザー本人の指紋をiPhone本体のセンサーで認証させないと、アプリのロックが解除されない機能。iPhone5s以上のユーザーのみに対応。

4. ウィジェットも用意

アンドロイド端末ユーザー向けにウィジェットも用意。

ココに注目！

Apple Watchで通知をチェック

株価やニュース配信の通知はApple Watchでも見たり受けたりできる。株価の設定はiPhoneでもApple Watch側でも可能。

株価到達アラート

ニュース通知

おわりに

本書を読み終えて、早速スマートフォンで株式投資にチャレンジする方は多々いらっしゃると思います。

「株式投資で一攫千金」や「専業トレーダーになる」という目標を持つことも悪くはないのですが、本書の狙いは株式投資であくまでも普通のサラリーマンが通勤時間や昼休みなどを使って1日1万円でも儲けることができるところにあります。

本書で紹介した様々な手法を、ご自分にとって使いやすいスマホと証券会社で、職場環境やワークライフに合わせてできることからチャレンジして頂ければ幸いです。

株式市場に目を転じれば、大半の会社の株価が右肩上がりだったアベノミクス相場が一段落し、中国経済の停滞や原油安などがたびたび不安材料となり、今後の先行きが不透明なところであります。

ですが、とにかく株式投資は本書でも記載しましたが、「あせらず」「あわてず」「あきらめず」の精神で、退場することなく投資の世界にいることが一番大切です。

そして、このスマホトレードで種銭を継続してつくることができましたら、さらに株式投資に本格的に実践するのもよし、不動産投資に目を向けるのもいいのではないかと考えています。

ぜひともスマホと証券会社のツールをじっくりと選んでいただき、今一度、本書を繰り返し読んで仕組みを理解して、資産構築に寄与して頂ければ幸いであります。

なお、本書の発刊に当たっては、秘技を紹介して頂いた、いってんがいさん、マーシさん、ロックオンさん、そして、企画立案から出版までご尽力して頂きましたダイヤモンド社の鈴木豪さんにはこの場を借りてお礼申し上げるところであります。

［重要事項］
●本書は2016年1月時点で著者が信頼できると判断した情報を元に作成しておりますが、その内容および有用性について保証するものではありません。
●金融機関に関する問い合わせは、個別の金融機関へお問い合わせください。
●投資に関する判断は自己責任でお願いいたします。本書の利用によるいかなる損害につきましても著者および出版社は責任を負いません。

[著者]

JACK（ジャック）

現役サラリーマンながら株式投資で約２億円の資産を稼ぐ。現在は不動産投資やFXにも開眼して株式投資同様に必殺技を構築。投資セミナーの講師も務める。主な著書に『元手50万円から始める! 月５万円をコツコツ稼ぐらくらく株式投資術』（ダイヤモンド社）、『不動産素人の株式投資家が挑戦した！　リスク分散型不動産投資術』（ごま書房新社）、『百人百色の投資法 ——投資家100人が教えてくれたトレードアイデア集』（パンローリング社）など多数。日本証券新聞にて月１コラム連載中。

JACKのブログhttp://www.jack2015.com/

JACKのHP　http://members3.jcom.home.ne.jp/echoes2001/

ツイッター　jackjack2010

普通のサラリーマンがスキマ時間を利用して株で１日１万円儲けた

スマホ投資術

2016年２月25日　第１刷発行

著　者——JACK

発行所——ダイヤモンド社

〒150-8409　東京都渋谷区神宮前6-12-17

http://www.diamond.co.jp/

電話／03･5778･7232（編集）　03･5778･7240（販売）

装丁————久保田りん

本文デザイン——久保田りん

図版作成——久保田りん

イラスト——JERRY

製作進行——ダイヤモンド・グラフィック社

編集協力——渡辺賢一

印刷————加藤文明社

製本————加藤製本

編集担当——鈴木豪

©2016 JACK

ISBN 978-4-478-06732-1

落丁・乱丁本はお手数ですが小社営業局宛にお送りください。送料小社負担にてお取替えいたします。但し、古書店で購入されたものについてはお取替えできません。

無断転載・複製を禁ず

Printed in Japan